AF453701

SECONDE PARTIE
DV FACTVM

DE MESSIRE VINCENT RAGOT, *Preſtre,*
Docteur en Droit Canonique, Promoteur de
l'Egliſe & Dioceſe d'Alet, tant pour luy, que
pour le Syndic du Clergé dudit Dioceſe, Et Meſ-
ſire Nicolas Pavillon Eveſque d'Alet en tant
qu'il y a & peut avoir intereſt.

Contre le pretendu Syndic de quelques Gentilshom-
mes, & quelques Eccleſiaſtiques & Reguliers
de ce Dioceſe.

Contenant la Réponſe aux nouvelles Plaintes produites au
Procez par ledit Syndic, & aux preuves par leſquelles
ils ont pretendu appuyer ces Plaintes.

POUR oſter tout ſujet à ces Gentilshommes de ſe
plaindre qu'on n'a oſé attaquer que leurs plaintes
en general, mais qu'on a apprehendé de faire
voir au public les preuves qu'ils en apportent, on s'eſt re-
ſolu de les faire imprimer telles qu'ils les ont produites, en
ſe contentant de mettre à la marge les éclairciſſemens de
ces pretendues preuves, qui en feront voir l'impertinence ou la fauſſeté.

Car ſans parler des Cas ſecrets ſur leſquels les Curez
n'ont rien à dire, quoy qu'il leur pûſt arriver de ces fauſ-
ſes accuſations ; parce qu'il n'y a point de maux qu'ils
n'aimaſſent mieux ſouffrir que de violer en rien un ſecret inviolable, & en ne s'arreſtant qu'aux choſes qu'on
ſçait par des voyes qui n'obligent point au ſilence ; on
fera voir que tout ce que ces Gentilshommes alleguent,
ſe reduit ou à des fauſſetez malicieuſement inventées

A

pour décrier leurs Pasteurs, ou à des reproches frivoles, qui n'ont pour fondement qu'une ignorance grossiere des loix de l'Eglise, qui les porte à reprendre avec une hardiesse incroyable comme des excés, ce qui sera loüé & admiré par tous ceux qui ont quelque connoissance de l'esprit de l'Evangile, & de la discipline Ecclesiastique.

Il est vray que ce sera peuteftre une chose assez ennuyeuse, que de répondre en particulier à tant de faits qui n'ont rien en soy qui attire la curiosité des hommes ; mais on en tirera cet avantage pour l'Eglise ; que ces faits même estans rapportez dans une simplicité naïve & dégagée des mensonges dont ils les ont accompagné, prouveront mieux que toute chose la sainteté de la conduite du Diocese d'Alet, rien n'estant plus capable de faire admirer la vigilance, la fermeté & la sagesse de cet excellent Prelat, & des Prestres qu'il a élevez dans son esprit ; par ce qu'on y void la pratique des plus saints Reglemens de la discipline de l'Eglise, qui ne seroient sans cela qu'une vaine speculation.

Cependant c'est à quoy se font reduits tous les efforts de cette Noblesse, & tout ce qu'ils ont pû faire pour accomplir l'engagement où ils s'estoient mis dans les premieres plaintes presentées à sa Majesté, de prouver tout ce qu'ils avançoient contre ce Prelat, par actes & par témoins.

Et l'on verra au contraire par ces éclaircissemens la verité de ce qu'a répondu M. d'Alet dans la réponse qu'il y fit, qu'on ne pouvoit prouver par témoins non suspects, ny par aucun acte veritable & legitime, la verité d'aucun article de tous ceux qu'on alleguoit contre luy dans ces premieres plaintes.

La maniere même dont ces Gentilshommes ont produit ces plaintes & ces preuves montre assez la peine qu'ils ont à s'engager à les soûtenir ; car ils ne les ont ny signées, ny fait signer par leur Advocat, & n'en ont fait aucun inventaire ; de sorte que jusqu'à present c'est

une piece informe , à laquelle on se feroit pû dispenser
de répondre , s'il n'avoit esté avantageux de le faire, pour
dissiper entierement leurs fausses accusations.

Plaintes que les Gentilshommes du
Diocese d'Alet font au Roy, tant
pour eux que pour leurs Vassaux
sur la conduite de M*r* l'Evesque
d'Alet, ses Officiers, Confesseurs,
& Prestres établis dans les Parroisses du Diocese dudit Alet.

Interdits de l'entrée de l'Eglise.
Premiere Plainte.

QV'IL y a un tres grand
nombre de personnes de
l'un & de l'autre sexe interdits de
l'entrée de l'Eglise sans raison, &
sans qu'on leur ait voulu donner
copie par écrit de leur interdit,
quelle requisition qu'ils ayent faites par actes publics. Ils justifient
cette plainte par les declarations
de dix-neuf Gentilshommes qui
se trouvent de ce nombre, & de
cent vingt autres personnes, sans
y comprendre un grand nombre
qui n'ont voulu faire leurs declarations , de peur que Monsieur
l'Evesque ne leur imposast de
plus grandes peines.

REPONSE.

*La proposition même de cette
plainte n'est qu'un amas
de faussetez.*

1. IL est faux qu'il y ait aucune personne interdite sans raison.

2. Il est encore faux qu'on ait refusé
copie par écrit de l'interdit, mais cóme
il n'est declaré pour l'ordinaire qu'ensuite de quelque ordonnance de visite
qui enjoint au Curé de declarer interdites les personnes qui n'auront point
satisfait à leur devoir paschal dans
quinzaine, quelques uns de ceux qui
ont esté de ce nombre pour n'avoir pas
voulu lever les empeschemens qui les
rendoient incapables des Sacremens ,
ne se sont pas voulu contenter de la
copie de cet article de l'ordonnance
de visite, & d'un certificat comme en
consequence ils auroient esté declarez
interdits, mais ils ont voulu qu'il y
eust une Sentence particuliere d'interdit, ce qui est ridicule. V. la premiere
partie, §. 9. du troisiéme Eclaircissement.

3. Ce tres grand nombre qu'on dit qu'il y a de personnes interdites ne passe
pas dix-huit ou vingt, qui le sont tous tres justement.

4. Leur mauvaise foy paroist en ce qu'ils disent qu'il y a dix-neuf Gentilshommes interdits, & cependant eux mêmes n'en comptent que dix-huit ; &
de ces dix-huit il y en a huit qui ne le sont point.

5. Pour trouver leur cent quarante personnes qu'ils soûtiennent estre pre-
sentement interdits , ils ont ramassé tous ceux qui l'ont esté depuis vingt-cinq
années que M. d'Alet est Evesque.

6. Ils ont même souvent multiplié une même personne , ou deux ou trois,
comme il se verra cy-apres.

7. Il n'y a point de moyens qu'ils n'ayent mis en usage pour extorquer ces
plaintes. Ils ont employé les promesses & les menaces, ils ont couru pendant

plusieurs mois toutes les Parroisses du Diocese, & apres tout cela qu'ils n'ayent ramassé que ce peu de plaintes d'une administration de vingt-cinq ans dans un Diocese, où on a tasché de mettre en pratique toutes les regles de la discipline de l'Eglise ; c'est une marque qu'on les a observées avec une tres grande discretion & une tres grande sagesse, & qu'il n'y a pas tant d'impenitens dans ce Diocese que ces Gentilshommes voudroient faire croire : mais la maniere dont ils ont extorqué la plus grande partie de ces plaintes est tout à fait horrible. Ils faisoient venir leurs Vassaux hommes & femmes dans leurs Chasteaux, & les interrogeoient les uns apres les autres devant un Notaire sans aucune authorité, si leurs Curez ne leur avoient point refusé quelquesfois l'absolution, & quelle estoit la cause de ce refus, ce qui mettoit ces pauvres gens à la gesne. Le Notaire écrivoit ensuite ce qu'ils disoient comme plaintes, quoy qu'ils ne se plaignissent point.

PREUVES.

Le Sieur Moulins Bourgeois de Caudies se plaint qu'il est interdit de l'entrée de l'Eglise depuis quatre ans, sans qu'on luy ait voulu donner copie de l'interdit, quels Actes de requisition il ait fait, & quels Arrests il ait obtenu ; pour n'avoir voulu remettre un assassinat commis en sa personne, & en passer par le jugement de Monsieur l'Evesque.

Sa plainte est du 13. Iuillet 1663.

Dans les Réponses de M. d'Alet à la troisiéme des premieres plaintes desdits Gentilshommes presentées au Roy en l'année 1662. par le Pere Annat, il est dit que ce Moulins, qui est reduit à la mendicité, est dans des inimitiez, & qu'il est un insigne chicanneur, c'est la raison pour laquelle on luy a refusé les Sacremens, & non pas celle qu'il allegue ; & neanmoins il y a quelques années qu'on luy leva l'interdit sur la promesse qu'il fit de se reconnoistre ; ce qu'il n'a pas fait, comme il paroist par la declaration & certificat de l'Archiprestre de Fenoilledes son Curé, du 9. Ianvier dernier, cotté A.

Le Sieur Guillaume Coste se plaint qu'il est interdit de l'entrée de l'Eglise depuis six ans, sans qu'on luy ait jamais voulu donner copie de l'interdit, ny luy en dire la raison, quelles requisitions qu'il ait faites par escrit.

L'Acte est du 18. Iuillet 1663.

Il est vray que ledit Sieur Coste est interdit de l'entrée de l'Eglise ensuite d'une Ordonnance de visite ; n'ayant pas fait son devoir paschal, à cause qu'il détient le bien de plusieurs pauvres gens, ainsi qu'il en a esté convaincu par actes & par témoins devant les personnes qu'il avoit luy même choisi pour Iuges : ce qui est notoire, & paroist par le même certificat.

Bernard Pouchelon resident à Caudies se plaint qu'il est interdit de l'entrée de l'Eglise, & de tous les Sacremens, qu'on luy a même refusé dans de grandes maladies, pour avoir ache-

Il n'est pas vray que ledit Pouchelon soit interdit de l'Eglise, mais il est vray qu'on luy refuse les Sacremens, pour n'avoir voulu rendre une Iument à un habitant de Capsir du Diocese d'Alet, auquel on l'avoit dérobée & remise ensuite audit Pouchelon. C'est ce qui paroiſt par le même Certificat. M. d'Alet a pris une pleine & entiere connoiſſance des empeſchemens de ces trois perſonnes.

Ces deux hommes, Michel & François Sarda, ne ſont point de la parroiſſe de Rouze, comme il paroiſt par le Certificat du Curé dudit lieu du 10. Ianvier, cotté B.

Et ainſy cette plainte eſt fauſſe en ce chef. On dira cy-apres la verité du fait de ces perſonnes qu'on fait ſe plaindre comme parroiſſiens d'un autre village, & cela ſans doute pour augmenter le nombre de ceux qui ſe plaignent ; ce que ces Gentilshommes font en pluſieurs autres endroits, changeant les qualitez des plaignans, ou les faiſant revenir ſous divers noms, comme on fera voir dans la ſuite.

té une jument d'un Soldat qui avoit couru ſur les ennemis du Roy en Eſpagne.

La declaration eſt du 18. Iuillet 1663.

Michel & François Sarda du lieu de Rouze, ſe plaignent qu'ils ſont interdits de l'entrée de l'Egliſe, & en ont eſté tirez ignominieuſement par le Curé, aſſiſté du Conſul dudit lieu, quoy qu'ils ayent offert de faire tout ce qu'ils trouveroient raiſonnable. Et ayans requis les Conſuls de leur declarer pourquoy ils les tiroient de l'Egliſe, leſdits Conſuls répondirent qu'ils ne ſçavoient pourquoy, & que ce n'étoit pas à eux de s'en informer, mais ſeulement pour obeïr au commandement du Curé, qui ne vouloit pas dire la Meſſe, ſi on ne les tiroit dehors.

La declaration eſt du 19. Iuillet 1663.

Ce Iean Gouttes eſt un des complices des débauches & deſordres des cadets du Sieur de Sournia, qui ſont connus de tout le pays. Il faut voir le Certificat du Curé, qui eſt un excellent Preſtre, du 8. Ianvier dernier, cotté C.

Iean Gouttes du lieu de Sournia ſe plaint qu'il a eſté interdit pendant un an de l'entrée de l'Egliſe, pour avoir pris quelques marchandiſes à un marchand qui luy devoit de l'argent, laquelle il luy rendit, & ne put neanmoins eſtre receu à l'entrée de l'Egliſe. Du 14. Aouſt 1663.

Il eſt vray que leſdits Bonnet, Lavergne, Iean Paul, André & Elie Salvet furent interdits de l'Egliſe pour des crimes énormes & ſcandaleux, pour leſquels quelques uns d'eux ſont en prevention & detenus priſonniers à Toulouſe depuis long temps, & il eſt indigne de la nobleſſe de ſe ſervir de la declaration de ces criminels pour atteſter une fauſſeté ; ſçavoir, que toutes les perſonnes qu'ils nomment en cet article, ayent eſté interdites, comme il paroiſt par le Certificat des Ec-

Antoine Bonnet, Gabriel la Vergne, Iean Paul, André & Elie Salvet ſe plaignent qu'ils ont eſté interdits de l'entrée de l'Egliſe le mois de Février dernier: Comme auſſi declarent que François Luga Magiſtrat Royal, les Damoiſelles ſa femme & ſa fille, Anne Andrive, Iean la Vergne, Catherine Flamande, Catherine de Niort, Philippes Dautry, André Carriere, Andrieu Olive, Antoine Calvet, Louïse Rives, Henry Dalverny Sieur de la Palme, Iean Iourdain Medecin, & la Damoiselle de Pompadour sa femme, furent interdits dans la mesme année 1661. pour n'avoir fait leur devoir Paschal, quoy qu'il n'ait pas tenu à eux, & qu'ils se soient presentez aux Confesseurs par diverses fois.

Leur Declaration est du 8. Aoust 1663.

Iean Fabien de saint Paul se plaint qu'il y a trois ans qu'il fut declaré interdit de l'entrée de l'Eglise, sans sçavoir pourquoy, par le Vicaire de Sournia, où il faisoit sa residence.

La declaration est du 11. Aoust 1663.

Estienne Alquier de Lansac se plaint qu'il a demeuré trois ans entiers interdit de l'entrée de l'Eglise, & de tous les Sacremens, pour n'avoir voulu aller au lieu de Lesquerde entendre la Messe, & y recevoir les Sacremens, qui n'estoit pas sa Parroisse, & contestant que c'estoit dans l'Eglise de Lanssac, où on leur devoit administrer les Sacremens, & y dire la Messe, comme estant la veritable Parroisse.

La daclaration est du 12. Aoust 1663.

François Armengaud Habitant de Lesquerde, Antoinette Rainaut, & Antoine Segala se plaignent d'avoir esté interdits de l'entrée de l'Eglise sans sujet.

La plainte est du 14. Aoust 1663.

clesiastiques qui estoient Vicaires en ce temps là, du 12. dudit mois, cotté D.

Il est vray que quelques uns d'eux avoient esté differez pour des causes aussy notoires que legitimes, & quelques autres interdits, comme il paroist par le même Certificat. Et comme on produit encore cy-aprés ces personnes pour faire nombre, on en dira les cas & faits particuliers dans leur lieu; & il sera remarqué qu'Anne Andrive, Catherine Flamande, André Carriere, & Antoine Calvet sont des personnes supposées qu'on ne connoist pas à S. Paul.

On ne croit pas que cette plainte soit veritable, les Curez & Vicaires tant de Sournia que de S. Paul n'en ayant aucune connoissance. Il est vray que ce Iean Fabien ne s'estant point voulu remettre avec sa femme, quoy que tres sage, pour avoir plus de liberté de mener une vie licentieuse, on ne crut pas selon les regles de l'Eglise le pouvoir recevoir aux Sacremens. C'est ce qui paroist par le même Certificat cotté D.

Ce Benefice de Lansac est un Prieuré simple où on n'administre point les Sacremens: les habitans doivent les aller recevoir à Lesquerde parroisse voisine, n'y ayant audit Lansac qu'une Mestairie avec quelques estables pour des troupeaux, comme il est specifié au long dans la declaration du Curé de Lesquerde, qui dit que ledit Alquier n'ayant point fait son devoir paschal, à cause de ses yvrogneries continuelles, il a esté interdit de l'entrée de l'Eglise ensuite d'une Ordonnance de visite, & que s'en estant depuis corrigé, il a esté receu aux Sacremens. Cette declaration & certificat est du 12. Ianvier dernier, cotté E.

On dira le fait de François Armengaud, qui est produit cy-aprés une seconde fois. Pour Antoine Segala, il fut interdit pour avoir accepté un duel, & autres causes importantes. Le Curé dit que cette plainte est fausse, ce Segala estant mort apres avoir receu les Sacremens long temps avant l'an 1663. C'est ce qui se void par le même susdit Certificat cotté E.

Le Curé de Lesquerde, dont Saint Arnac dépend, n'a rien dit sur cette plainte, s'agissant d'un fait secret.

Pierre Astouric du lieu de saint Arnac se plaint qu'il y a environ cinq ans qu'il fut interdit de l'entrée de l'Eglise, & demeura en cet estat pendant deux années, sous pretexte qu'il estoit accusé d'avoir volé un agneau, quoy qu'il soûtint au Curé qu'il l'avoit acheté. La plainte est du 14. Aoust 1663.

Ces Violons ne voulans point cesser de joüer aux jours des festes de patron, & de contribuer par leurs airs lascifs à la deshonnesteté scandaleuse des dances qui se font en ce pays-là, le Curé a eu raison de leur refuser les Sacremens, & de les obliger à quitter cette profession, voyant par une longue épreuve qu'ils ne pouvoient l'exercer sans peché, comme il marque dans son Certificat du 10. Ianvier audit an, cotté F.

Cette plainte est frivole & ne fait rien pour ce que les syndiquez veulét prouver, mais de plus elle est fausse, ce Curé qui est un fort homme de bien ayant bien pû leur parler contre ces danses scandaleuses, mais n'y ayant point d'apparéce qu'il leur ait dit qu'il les excommunieroit, sçachant fort bien que ce pouvoir est reservé à M. l'Evesque.

Iacques Couseran & Iean Gran du Vivier, Violons de leur mestier, se plaignent qu'ils ont esté interdits de l'entrée de l'Eglise & des Sacremens, pour avoir refusé de porter leurs violons & hauts bois au Curé, & n'ont jamais pû estre receus aux Sacremens. La plainte est du 15. Aoust 1663.

Iean Loüis, Philippes François Delez, Iean Serié, Iean Alba, Pierre Lauziere, Philippes Fabre, & Iean Fournier, declarét que le Curé dudit lieu leur dit, qu'il les interdiroit de l'entrée de l'Eglise, & excommunieroit, s'ils dansoient les jours des festes & jours ouvriers, & aux Magistrats qui avoient l'autorité en main pour les empescher, s'ils ne l'empeschoient. La plainte du 2. Septembre 1663.

Si la danse avoit esté faite le jour du patron, comme il est sans doute, si ce fait est veritable, c'est la pratique du Diocese de ne point lever l'interdit ou cessation d'office que les Parroissiens ne viennent témoigner le regret qu'ils ont de cette profanation de la feste de leur patron : & on oblige à quelque satisfaction publique ceux qui en ont esté les auteurs, selon le 66. des Statuts Synodaux.

Le Sr Ragot ordonne au Curé du Bezu de la part de M. d'Alet, de citer devant luy les garçons qui ont fait joüer les hauts-bois, & ordonner aux Consuls de les y faire aller, autrement qu'on ne levera point l'interdit de l'Eglise, qui estoit interdite pour ce sujet. Du 2. Septembre 1660.

Iean Taillan de saint Sernin se plaint qu'il fut interdit en l'année 1657. de l'entrée de l'Eglise pour estre allé hors du lieu un jour de Feste, & qu'il demeura en cet estat pendant deux mois.

La plainte est du 4. Septembre 1663.

Antoine de Ville de S. Sernin se plaint qu'il fut interdit de l'entrée de l'Eglise, & des Sacremens pendant un mois, & n'y pûst estre receu qu'il n'eust payé une piece de trente sols qu'il avoit empruntée à un Marguillier.

Sa plainte est du 4. Septembre 1663.

Pierre Roger de saint Sernin, se plaint qu'il fut interdit de l'entrée de l'Eglise pendant long-temps, & refusé aux Sacremens; pour avoir joüé aux quilles une feüillette de vin qu'il beut en pleine ruë avec ses camarades, & ne pût estre receu qu'il ne donnast dix-huit sols à l'Eglise.

Sa plainte est du 4. Septembre 1663.

Henry Medaule de Quillan se plaint qu'il est interdit de l'entrée de l'Eglise & des Sacremens, pour ne vouloir donner deux escus blancs, à quoy il a esté condamné pour avoir disné au cabaret un jour qu'il n'estoit pas feste, avec un de ses amis étranger qui l'y avoit invité, & avec qui il devoit aller à la campagne.

La plainte est du 5. Septembre 1663.

Antoine Esteve du Vivier se

Iean Taillan, selon qu'il l'a declaré au Vicaire de sa parroisse, n'a jamais esté interdit. Il est vray qu'ayant travaillé un jour de feste publiquement & avec scandale, il fut cité devant l'Official d'Alet. C'est ce qui paroist par le Certificat dudit Vicaire du 8. Ianvier, cotté G.

Il n'est pas vray non plus qu'Antoine de Ville ait esté interdit, mais il est vray qu'il a esté differé aux Sacremens fort peu de temps, pour estre redevable a l'Eglise de quelque argent qu'il detenoit de mauvaise foy, comme il paroist par sa declaration au Vicaire qui est à present, celuy qui l'estoit alors estant mort.

Il est à remarquer que le Sieur Dax de S. Sernin estant Syndiqué a extorqué ces plaintes de ses Vassaux. On en void la fausseté par la declaration de celuy-cy qui est son valet, lequel dit n'avoir jamais esté interdit, mais bien cité seulement devant l'Official par son Vicaire, lequel il pria de ne point envoyer sa citation, & qu'il feroit ce qu'il diroit, ainsy qu'il paroist par la declaration dudit Roger. Elles sont toutes trois contenuës dans le Certificat du Vicaire de S. Sernin du 8. Ianvier audit an, cotté G.

Henry Medaule est un des plus scandaleux du Diocese, & tres connu par ses mauvais déportemens. Ce seroit un trop long discours de rapporter ses crimes & débauches. Il n'est pas vray qu'il ait esté interdit pour ce fait, mais pour n'avoir pas satisfait à son devoir paschal, duquel sa vie scandaleuse le rendoit indigne. Il fut remis dans l'Eglise sur la promesse qu'il fit de se corriger, ce qu'il n'a pas fait.

Cet Antoine Esteve n'est point interdit

terdit de l'entrée de l'Eglise, ny refusé aux Sacremens. Il est vray qu'on les luy a differez pour luy donner lieu d'accommoder quelque contestation qui le tenoit en inimitié. Monsieur de Rasiguieres son Seigneur l'obligea de faire cette plainte malgré luy, comme il a declaré.

plaint qu'il a esté interdit de l'entrée de l'Eglise & des Sacremens pendant fort long temps, pour une certaine demande mal fondée pour le partage de quelques biens que luy faisoit un valet du Curé dudit lieu.

Sa plainte est du 12. Septembre 1663.

Anne Martine dite la Minoye est une des femmes dont Monsieur de Rasiguieres excommunié abuse, & dont il se sert aussy pour débaucher les autres, comme il paroist par les procedures faites contre ledit Sieur de Rasiguieres remises au procez. Cette même femme reviendra encore cy apres pour faire nombre.

Anne Martine de Montfort se plaint qu'elle a esté refusée à Confesse pendant long-temps, sans qu'on luy en ait voulu dire la cause, & ensuite interdite de l'entrée de l'Eglise, & même privée de gagner le Iubilé; & demeure en cet estat, quoy qu'elle se soit diverses fois presentée à

confesse, sans avoir jamais pû sçavoir pourquoy.

Sa plainte est du 14. Septembre 1663.

Il est vray que ces trente-neuf personnes, & même un plus grand nombre, furent interdites il y a long-temps des Sacremens & de l'entrée de l'Eglise, à cause de plusieurs meurtres, vols & pillages qu'ils faisoient les uns sur les autres à main armée, ce qui dura fort long-temps; ces divisions estant fomentées par le feu Sieur de la Serpent qui soûtenoit un des partis. M. d'Alet n'ayant rien pû gagner sur ces esprits rebelles & seditieux pen-

Trente-neuf habitans de Speraza furent refusez à Confesse pour causes frivoles, & ensuitte interdits de l'Eglise pour n'avoir fait leur devoir paschal, & furent long-temps en cet estat, jusques à ce qu'ils eurent fait penitence publique.

La plainte est du 16. Septembre 1663.

dant plusieurs années les declara interdits; ensuitte dequoy témoignant vouloir se reconnoistre, on les remit dans l'Eglise. Peu pourtant changerent de conduitte. Et enfin s'estans tous reünis ils prierent en l'année 1662. M. d'Alet de prendre connoissance de leur different avec un Conseiller du Parlement de Toulouse & un Gentilhomme qui l'accompagnoit dans ses visites: & on les regla entr'eux ainsy qu'il est porté dans l'écrit remis au procez, auquel peu ont satisfait. Voila les causes frivoles, selon cette Noblesse, des interdits faits par M. d'Alet. Ledit Ecrit est cotté H.

Ce Pierre Baille a esté refusé aux Sacremens pour ne vouloir se reconcilier d'une inimitié publique, outre divers autres empeschemens qu'il avoit.

Pierre Baille de Rennes se plaint qu'il a esté interdit des Sacremens, & de l'entrée de l'Eglise, pour quelques paroles qu'il auroit euës avec un Habitant à qui il remontroit qu'il ne devoit pas souffrir que sa fille frequentast son frere.

Sa plainte est du 7. Septembre 1663.

Iean Baille du lieu de Rennes se plaint qu'il est interdit depuis deux ans de l'entrée de l'Eglise, pour n'avoir pû payer dans deux mois à cause de sa grande misere, trois livres de fillet qu'il a payé du depuis, & neanmoins il n'a pû estre receu à l'Eglise, ce qui l'a obligé à quitter le Diocese.

Ce Iean Baille est un Tisseran, lequel a fait notoirement plusieurs larcins qui l'ont obligé de quitter le lieu où il est revenu, & a commencé de se reconnoistre.

Sa plainte est du 7. Septembre 1663.

Iean Paul Marquet & Pierre Fabre de Festes, se plaignent qu'ils ont esté interdits de l'entrée de l'Eglise pendant six mois, pour n'avoir rendu leur compte de l'administration Consulaire, & pour y estre remis, ont fait penitence publique.

Il paroist par la declaration desdits Marquet & Fabre du 21. & 25. Ianvier dernier, que cette plainte est fausse, & qu'ils n'ont ni esté interdits de l'entrée de l'Eglise, ni fait penitence publique. Ces declarations sont cy cottées I.

Antoine Basset du lieu de Rouvenac, se plaint qu'il a esté interdit de l'entrée de l'Eglise, pour avoir fait joüer les hauts-bois un jour de Feste apres les Vespres, sans pourtant danser, & pour estre remis fit penitence publique.

Cette plainte est fausse, comme il paroist par la declaration dudit Basset signée de luy & de son Curé, cotté K.

Guillaume Philippe de Sournia, se plaint qu'il fut refusé à tenir un enfant à baptesme, pour avoir dansé aprés Vespres.

Sa plainte du 1. Octobre 1663.

Il fut refusé pour n'avoir pas fait son devoir paschal selon les Ordonances du Diocese auquel il a satisfait depuis, comme il paroist par ledit Certificat du Curé de Sournia, cotté C.

Pierre Espauget de Nebias, se plaint qu'il auroit esté interdit des Sacremens, & ensuite de l'entrée de l'Eglise, pour avoir receu un escu qu'il disoit avoir envoyé à son Procureur à Tholose pour se presenter à une assignation qui luy avoit esté donnée ; le Curé luy soûtenant contre la verité, qu'il n'avoit pas envoyé cet escu.

Du 19. Octobre 1663.

Il paroist par la copie de la Promesse dudit Espauget, remise és mains dudit Sieur Curé par le Sieur de Croze qui estoit Confesseur & Predicateur lors du Iubilé, que cette plainte est fausse, puis qu'il declare qu'il doit cet escu qu'il avoit retenu de mauvaise foy. Cette Promesse est du 7. Avril 1662. cy cotté L.

Raymond Gris, & François Bonnet Habitans de Nebias, se plaignent qu'ils ont esté interdits de l'entrée de l'Eglise, pour

Ces deux hommes ne sont point de la Parroisse de Nebias, mais de celle de S. Iean de Rouvenac, & cette plainte est fausse ; la verité estant que ces deux hommes, gens à tout faire, allerent une nuit affieger la maifon d'un habitant, où il y eut des coups tirez de part & d'autre & des bleffez, & ce fous pretexte de faux fel, ce qui traifna de longues inimitiez ; & cette affaire fut terminée enfin par Mr de la Serpent & Mr Ragot Chanoine d'A-let, aufquels les parties s'en remirent affez long-temps aprés l'excez arrivé.

Iean François Roques n'a point efté interdit, mais il n'a pas efté receu à eftre Parrain, parce qu'il n'avoit pas fait le devoir pafchal, auquel il n'a pas encore fatisfait ; & l'ordre du Diocefe eft de ne point admettre pour eftre Parrain ceux qui n'y ont pas fatisfait.

Les actes de l'excommunication du Sieur de Rafiguieres remis au procez, font voir les violences avec lefquelles fe firent ces depofitions devant ce Magiftrat, devant lequel ledit Sieur de Rafiguieres obligeoit fes Vaffaux fous de griéves peines & menaces de fe prefenter pour fe dédire de ce qu'ils pouvoient avoir dit de fes débauches dans cette Parroiffe dont il eft Seigneur.

Cette plainte eft fauffe, & ce Iean François la Molle eft un homme fcandaleux qui eft refufé aux Sacremens, parce qu'il eft complice des defordres des Cadets de Sournia, & qu'il ne veut point ceffer fa vie fcandaleufe.

Ce François Armengaud eft icy pour la feconde fois. Le Curé de cette Parroiffe, qui eft des plus pieux du Diocefe, eft plus croyable que cet Armengaud, ledit Curé attefte que c'eftoit pour des injuftes detentions du

n'avoir voulu accommoder un procez criminel qu'ils avoient contre une femme qu'ils avoient trouvé chargée de faux fel, & en paffer par l'advis de Monfieur l'Evefque d'Alet.

Leur plainte du 19. Octobre 1663.

Iean François Roques de Sournia, fe plaint qu'il a efté chaffé ignominieufement de l'Eglife, & refufé à tenir un enfant à baptefme, fous pretexte qu'il avoit danfé aprés les Vefpres.

Sa plainte du 14. Novembre 1663.

Pierre Benafey du lieu de Salvagines, depofe devant un Magiftrat Royal commis d'autorité du Parlement de Tholofe, qu'il a efté refufé aux Sacremens, même en temps de Iubilé; & enfuite interdit de l'entrée de l'Eglife, pour n'avoir voulu depofer contre le Sieur de Rafiguieres fur un chef de Monitoire qu'on publioit contre luy, auquel le depofant ne fçavoit rien.

Sa depofition du 13. Février 1662.

Iean François la Molle de Sournia, fe plaint qu'il eft depuis long-temps interdit des Sacremens, & de l'entrée de l'Eglife fans que le Curé luy ait voulu dire autre raifon, que parce qu'il

rendoit fervice au Seigneur dudit lieu, & qu'il n'avoit pas voulu figner un Syndicat qui avoit efté fait de quelques Habitans contre ledit Seigneur. Du 13. Aouft 1663.

François Armengaud de Lefquerde, declare qu'ayant engagé un champ pour la fomme de deux cens livres tout joignant la maifon Prefbyteralle, il auroit fouvent prié le Curé dudit lieu d'empefcher que fes poulles qu'il avoit en quantité, ne luy pôrtaffent dommage, ce que ledit Curé n'avoit jamais voulu faire; ce qui obligea le declarant à faire bien d'autruy, & nullement pour cette caufe frivole que cet homme eftoit alors refufé aux Sacremens, aufquels il eft admis maintenant. Ce Certificat eft cotté E.

eftimer ledit dommage par les Experts dudit lieu, & faire intimer l'eftime au Curé pour en retirer payement qu'il n'a jamais voulu payer; Ains au contraire, en haine de ce démeflé a refufé le declarant à confeffe au temps Pafchal; & enfuite interdit de l'entrée de l'Eglife, fous pretexte, difoit-il, que le champ eftoit engagé à vil prix. Du 11. Octobre 1665.

GENTILSHOMMES.

Monfieur de Perles interdit de l'entrée de l'Eglife.

Mr de Perles eft interdit pour ravir le bien de fes Vaffaux, & de tenir celuy de l'Hofpital de Mirepoix, dont les Seigneurs Evefques ont fait plainte à M. d'Alet, ainfy qu'il paroift par le Certificat de fon Curé du 9. Ianvier 1666. cotté M.

On peut voir ce qu'on en a dit dans la premiere Partie de ce Factum au §. 15. du troifiéme Eclairciffement, où on reconnoiftra que fi ce Gentilhomme eft interdit, ce n'eft que pour des caufes tres legitimes.

Monfieur de Rafiguieres excommunié.

Il eft vray que le Sieur de Rafiguieres a efté excommunié. On en apporte les raifons dans ledit Eclairciffement, §. 2. 3. & 4.

Monfieur de Rennes interdit de l'entrée de l'Eglife.

On en peut voir les raifons dans ledit Eclairciffement, §. 8. 9. 20. & 21.

Monfieur de Montfort interdit de l'entrée de l'Eglife.

Il eft vray que l'Ordonnance de vifite de la Parroiffe du Vivier du 11. de Septembre 1661. l'a declaré interdit pour des cas tres graves; mais ce Gentilhomme, qui eft frere de Monfieur de Rafiguieres, s'en eftant allé à Paris, elle ne fut pas publiée en ce chef, & ainfy il eft faux qu'il foit interdit, comme il paroift par le Certificat de fon Curé, fous la cotte F.

Monfieur de Foffe interdit de l'entrée de l'Eglife.

Monfieur le Chevalier de Sournia interdit de l'entrée de l'Eglife.

Monfieur de Courbous interdit de l'entrée de l'Eglife.

Le Sieur de Foffe, le Sieur Chevalier de Sournia, & le Sieur de Courbons, freres, ont efté interdits de l'entrée de l'Eglife pour n'avoir pas fatisfait à leur devoir pafchal, auquel ils n'ont pû eftre admis à caufe de leur vie fcandaleufe & des injuftices publiques par eux commifes qu'ils n'ont voulu reparer, entre lefquelles il fera remarqué que ces trois freres pillerent il y a quelques années la boutique d'un Marchand du lieu de Trevillac. Ils n'ont point voulu dédommager ce marchand, non plus que plufieurs autres aufquels ils ont caufé des dommages notables, ny quitter leur vie fcandaleufe; fur tout les deux derniers, defquels on peut dire que *venundati sunt ut faciant malum.* V. le Certificat du Curé de Sournia, cotté C.

Monsieur de Nebias & sa famille interdits de l'entrée de l'Eglise.

On a dit le sujet de l'interdit du Sieur de Nebias dans la premiere Partie de ce Factum, Eclaircissement troisiéme, §. 6. & il est tres faux que sa famille soit interdite, ainsy qu'il paroist par le Certificat du Curé du lieu du 7. Ianvier 1666. cotté N.

Monsieur de Villa de Come-Sourde interdit de l'entrée de l'Eglise.

Il n'est pas vray qu'il soit interdit. V. le §. 17. du troisiéme Eclaircissement en la premiere Partie de ce Factum, & Consult. 24. Cas.

Monsieur de Montferran interdit de l'entrée de l'Eglise.

C'est un Ecclesiastique Chanoine d'Alet, frere du Sieur de Rennes, qui a esté interdit pour n'avoir pas fait son devoir paschal, & cet interdit a esté confirmé par Sentence du Metropolitain. Cette affaire est pendante pardevant M. l'Evesque de Luçon, & autres Commissaires nommez par sa Majesté.

Monsieur de la Palme interdit de l'entrée de l'Eglise.

Il n'est pas vray qu'il soit interdit. V. la Réponse de M. d'Alet à la premiere des premieres Plaintes presentées au Roy, & le Certificat des Curez de S. Paul, cotté D.

Monsieur d'Escouloubre interdit de l'entrée de l'Eglise.

On en a dit le sujet dans la premiere Partie de ce Factum au §. 10. du troisiéme Eclaircissement; il est mort, & ayant reconnu sa faute il a esté receu aux Sacremens. V. la Consultation des Docteurs de Sorbonne. 4. Cas.

Monsieur de Casteldos interdit de l'entrée de l'Eglise.

Il n'est pas vray qu'il soit interdit de l'entrée de l'Eglise, ny des Sacremens, ainsy qu'il paroist du Certificat du Vicaire Descouloubre du 8. Ianvier 1666. cotté O.

Monsieur Calue interdit de l'entrée de l'Eglise.

Il n'est pas vray qu'il soit interdit.

Monsieur de Galier interdit de l'entrée de l'Eglise.

Il n'est vray qu'il soit interdit. C'est le fils aisné du Sieur de Rouvenac, il a débauché une fille dont il y a un enfant; son frere le Sieur de Ionquieres a tué un habitant du lieu de sang froid; l'un & l'autre sont refusez aux Sacremens, parce qu'ils ne veulent pas faire penitence de leurs pechez & reparer le scandale par eux commis.

Madame Dax interdite de l'entrée de l'Eglise.

Il n'est pas vray qu'elle soit interdite, & elle reçoit les Sacremens, comme il paroist par le Certificat du Vicaire, cotté G.

Monsieur le Chevalier du Vivier interdit de l'entrée de l'Eglise.

Il n'est pas vray qu'il ait esté interdit: Il est mort depuis quelques années. V. le Certificat du Curé du Vivier, cotté F.

Monsieur de Sournia interdit de l'entrée de l'Eglise.

Il estoit interdit de l'entrée de l'Eglise pour ne vouloir satisfaire à diverses restitutions, sur tout à Messieurs du Chapitre de S. Iust de Narbonne, ainsy qu'il est dit dans le §. 5. du troisiéme Eclaircissement, & dans le Certificat du Curé de Sournia, cotté C. V. la Consultation des Docteurs de Sorbonne. 4. Cas.

REFVS DES SACREMENS.

Seconde Plainte.

Que tout le reste des Gentilshommes à la reserve de trois ou quatre, & plus de cent cinquante autres Diocesains, sans y comprendre un tres-grand nombre qui n'ont osé faire leur declaration sont refusez aux Sacremens, même en temps de Iubilé ; dans lequel temps Monsieur l'Evesque d'Alet, n'approuva que trois ou quatre Prestres pour faire gagner le Iubilé à tout le Diocese, & deffendit aux Curez de ne confesser que leurs Parroissiens.

REPONSE.

Il est icy avancé contre toute verité, que tout le reste des Gentilshommes, excepté trois ou quatre, sont refusez aux Sacremens, y en ayant plus de vingt-quatre qui desavouëroient cette plainte, autant qualifiez que ceux qui la font, & qu'on dit estre refusez : Sçavoir les Sieurs de Roquetaillade, de la Tour, de Baufort Paillés, de la Pejan, de Beon, gendre du Sieur de la, Serpent, de Lesquerdes son neveu, de Festes, de Belbianes, de Rouvenac, d'Ables, de Gebés, de Roquecave, de Freschinet, de la Croisille, de Montasels, du Vernet, de Bonpar, de Canguitar, de Bourigeolles, de Casele, de Cassagnes, de Ioüarres, &c.

Et ceux qui se sont retirez du Syndicat desavoüent cette plainte, bien qu'ils ayent esté differez aux Sacremens. Et quant au Iubilé de l'année mil six cens soixante & un, & mil six cens soixante-deux. M. d'Alet alla luy même pour le faire gagner dans toutes les parties de son Diocese, accompagné de trente ou trente-cinq Ecclesiastiques : & tant s'en faut qu'on puisse prendre sujet de blâmer sa conduite en cette rencontre, qu'on peut dire hardiment que c'est une des plus belles & des plus édifiantes parties de sa vie ; de sorte qu'on peut voir par cette plainte quelle créance on peut ajoûter aux accusations temeraires & calomnieuses de ces Gentilshommes, puis que d'un costé ils osent avancer, qu'il n'y avoit que trois ou quatre Prestres approuvez pour faire gagner le Iubilé, tout un Diocese estant témoin du contraire ; & que de l'autre ils osent faire un crime à M. d'Alet de ce qui a esté regardé avec admiration, non seulement par tout le Diocese, mais par toute la Province, & par tous ceux qui ont esté informez de ce qu'il a fait dans cette occasion pour le salut de son peuple avec des soins & des travaux incroyables.

PREUVES.

Requisition faite par le Sieur de Sournia au Curé dudit lieu, de luy vouloir administrer les Sacremens de Penitence estant

On produit icy le feu Sieur de Sournia pour avoir esté refusé aux Sacremens aprés l'avoir produit parmy les interdits. Il a esté refusé & interdit pour les mêmes raisons.

dans son lit malade, avec la response au pied de la requisition, dudit Curé, par laquelle il appert qu'il a receu ordre de Monfieur l'Evefque de ne le confeſſer point, pour ne s'eſtre trouvé à une Congregation où Monſieur l'Evefque luy avoit ordonné de ſe rendre. Du 30. Avril 1659.

Il ne faut que lire l'écrit que ledit feu Sieur de Sournia produiſit devant M. d'Alet & les Sieurs Baron de Mons & de Roquetaillade ſes parens & meilleurs amis, qu'il avoit prié de vouloir conjointement avec M. d'Alet examiner & decider ce à quoy il pouvoit eſtre obligé pour la rente des dixmes du Chapitre de S. Iuſt de Narbonne qu'il avoit tenu à vil prix : & M. d'Alet de leur avis declara audit Sieur de Sournia qu'il devoit reſtituer dix mil quatre cens livres pour avoir tenu ainſy ſous des noms empruntez cette rente dudit Chapitre de Narbonne. L'écrit de la reſolution eſt produit au procez. V. la Conſultation des Docteurs de Sorbonne, 4. Cas.

On ne dit pas qu'ils ſont Preſtres & Prebendiers pour les faire revenir une autre fois, ou on dira ce qui en eſt.

Autre requiſion dudit Sieur Sournia audit Curé de luy adminiſtrer les Sacremens, offrant de ſe mettre dans toutes les diſpoſitions neceſſaires, & reſponſe dudit Curé qu'il ne luy adminiſtrera jamais les Sacremens qu'il ne pourvoye à la cancellation d'un contract d'un nommé Gaſpard, de la Ferme du dixme appartenant à Meſſieurs de S. Iuſt de Narbonne ſous le nom duquel il tient ladite Ferme. Du 7. Iuin 1659.

Antoine Cerny, & Iacques Sournia du lieu de ſaint Paul, ſe plaignent qu'au temps du Iubilé on les refuſa à confeſſe ſans leur vouloir dire la raiſon ; & par le même Acte requierent le Curé dudit S. Paul de les vouloir ouïr à confeſſe, pour n'encourir pas l'interdit, faute d'avoir fait leur devoir Paſchal. Du penultiéme Février 1662.

On peut voir par les certificats des Vicaires, & autres actes, cottez P, la juſtice de ce refus, & la reparation que ledit Sieur Cerny s'eſtant reconnu, a faitte de quelques fauſſetez pour leſquelles on le mit en juſtice, & il fut bien aiſe en ſuitte qu'on l'aydaſt à accommoder cette affaire.

Les mêmes ſe plaignent que s'eſtant preſentez au Confeſſionnal le lendemain de leur Acte, le Curé dudit lieu dit audit Iacques Sournia qu'il ne ſeroit jamais confeſſé, s'il ne ſe démettoit d'une penſion qu'il avoit ſur un Benefice, ainſi que Monſieur l'Evefque le deſiroit ; & audit Antoine Cerny qu'on ne luy adminiſtreroit jamais les Sacremens qu'il ne ſe départit d'un procez qu'il avoit contre la Communauté dudit ſaint Paul, ainſy que Monſieur l'Evefque le ſouhaittoit. Du dernier Février 1662.

On void par le certificat des Vicaires, cotté D, l'injuſtice de cette plainte, & comme l'oncle & le neveu ſe ſont ſoûmis à ce qu'ils eſtoient obligez. Cela paroiſt encore par l'acte

Iean la Barriere Bourgeois de S. Paul, faiſant pour Barthelemy la Barriere Preſtre ſon oncle ſe plaint au Curé de S. Paul, qu'il l'auroit ſouvent requis au temps du Iubilé de la part de son oncle detenu malade dans son lit, de le venir confesser, afin qu'il pust participer à ces saintes graces, ce que le Curé luy a tousjours refusé, & le requiert par le même acte de venir confesser son oncle en ce temps Paschal.

que fit ledit la Barriere le 23. Iuin 1662. cy cotté Q.

Du 22. Mars 1662.

Iean Guerin Marchand de S. Paul, se plaint au Curé dudit lieu, qu'il a esté refusé à confesse au temps du Iubilé, & par ce moyen privé de participer à ces saintes graces, & le requiert de le confesser en ce temps Paschal.

Ce Guerin a esté condamné à cent livres d'amande envers le Roy, & pareille somme envers l'Hospital de saint Paul, pour tenir de fausses mesures dans le debit du sel. Voilà le sujet pour lequel il a esté refusé aux Sacremens.

Du 22. Mars 1662.

Iean la Barriere de S. Paul, faisant pour Barthelemy la Barriere Prestre, se plaint au Curé de S.

On a répondu à ce fait, que l'on remet icy pour grossir le nombre de ces plaintes frivoles.

Paul que l'ayant requis de venir confesser son oncle malade, & en danger de mort, ledit Curé au lieu de ce faire, s'en seroit allé à la campagne, & le requiert pour une seconde fois de venir chez son oncle pour le confesser; & à même instant le Curé se transporte dans la maison du malade, fait semblant de le confesser, ce qu'il ne fait point sans vouloir dire la cause de son refus.

Du 24. Mars 1662.

Iacques Sournia & Marc Antoine Serny Prestres Prebendiers de l'Eglise de S. Paul, reïterent les Actes par eux cy-devant faits au Curé de saint Paul de les oüir à confesse.

Voicy les mêmes personnes nommées cy dessus, qu'on fait revenir sous leurs qualitez. On a répondu à ce qui regarde le Sieur Cerny cy-devant, & on répondra cy-après à ce qui regarde le Sieur Sournia, qui reviendra pour la troisiéme fois sous sa qualité.

Du 3. Avril 1662.

Estienne du Clerc Chanoine de l'Eglise de S. Paul, se plaint qu'il a esté refusé à confesse au temps du Iubilé, ayant esté dilayé de jour en jour jusques à ce que ledit Iubilé fût expiré, ce qui le priva de participer à ces

Le Sieur du Clerc, dit de Saint Clement, est obligé à diverses restitutions, qu'il peut & ne veut pas faire; sa vie est fort oisive, & peu édifiante. Certificat des Vicaires de Saint Paul, cotté D. V. Consultation de Sorbonne, 29. Cas.

saintes graces, & s'estant presenté au Curé dudit lieu au temps Paschal, a offert de l'entendre en confession, & a requis copie.

Du 3. Avril 1662.

Iean Guerin Marchand de S. Paul a reïteré ses Actes pour estre admis à la confession au temps

C'est celuy qui tenoit de fausses mesures cy-dessus dit; il s'est reconnu, & a esté receu aux Sacremens.

Voicy

Voicy la seconde fois qu'il paroist.   Paschal.

Du premier jour d'Avril 1662.

Le même reïtere pour la troisiéme fois ses mêmes requisitions au Curé de S. Paul pour l'entendre en confession, ou luy dire les causes de son refus ; consentant qu'il declare tout haut les raisons pour lesquelles il ne le veut confesser.   Du 4. Avril 1662.

Il a obtenu son canonicat comme gradué nommé, & à peine sçait-il lire. Il a encore d'autres empeschemens considerables & notoires de confidence, & negoce de benefices.

Henry du Clerc Prestre & Chanoine de l'Eglise de S. Paul, se plaint que s'estant presenté diverses fois au Vicaire dudit lieu pour estre oüy à confession, & faire son devoir Paschal ; il auroit esté refusé sans luy vouloir dire les causes de son refus.   Le 21. Mars 1663.

C'est la troisiéme fois que celuy-cy est produit. Il a esté Curé d'une grande parroisse peu de temps, où il a vescu en loup ; il s'enfuit pour éviter la justice ecclesiastique & laïque, & resigna cette Cure avec un tiers de pension. Il a une prebende qui luy donne dequoy vivre. On vouloit l'obliger

Iacques Sournia Prestre & Prebendier de saint Paul reïtere ses requisitions au Vicaire dudit lieu de le vouloir oüir à confesse, desirant faire son devoir Paschal.   Du 20. Mars 1663.

à employer en œuvres pies cette pension, sur tout aux pauvres de la parroisse où il la prend, qui sont en grand nombre. Il l'a refusé, comme aussy de faire penitence de ses scandales passez, & de mener une vie ecclesiastique, ce qu'il ne fait pas ; & il n'est pas vray qu'il ait ignoré non plus que tous les autres, les raisons du refus qu'on luy a fait.

V. Consultation des Docteurs de Sorbonne sur la 3e demande du 27e Cas.

Le Sieur Henry du Clerc repeté inutilement.

Henry du Clerc Prestre & Chanoine de l'Eglise de S. Paul, reïtere derechef ses requisitions au Vicaire dudit lieu de S. Paul, & se plaint que le Sieur Rameau Curé luy ayant offert de le confesser & s'estant mis au Confessionnal & le plaignant aussy, au lieu d'entendre sa confession luy auroit dit ne le pouvoir recevoir aux Sacremens, parce que le plaignant avoit fait signifier ses Lettres de Gradué pour estre pourveu du premier Benefice vacant dans les mois des graduez.   Du 24. Mars 1663.

François & Michel Sarda reviennent pour la seconde fois, & d'interdits ne sont plus que refusez aux Sacremens; ils ne sont point de la parroisse de Rouze, mais de celle de saint Felix ; ils avoient achetté un champ pour moins de la moitié du juste prix, par Sentence du Iuge ils furent condamnez à payer le surplus. Voilà le

François & Michel Sarda du lieu du Pla, se plaignent au Curé de Rouze leur Curé, de ce qu'il ne veut pas les recevoir aux Sacremens, sous pretexte qu'ils ont achetté un champ à vil prix, quoy qu'ils luy ayent exhibé une Sentence du Senefchal de Foix leur

C

Iuge, par laquelle ils font rela-xez de la demande qui leur eftoit faitte de la plus valüe.
Du 22. Iuin 1663.

Teiffeïre habitant de S. Paul, fe plaint qu'il s'eft prefenté deux fois au Curé de S. Paul au temps pafchal, & requis le Curé de vouloir oüir fa confeffion, ce que ledit Curé a tousjours refufé, & le plaignant luy en ayant voulu de-fujet du refus qu'on leur a fait des Sacremens & de leur interdit. S'eftans reconnus, ils ont efté abfous & receus aux Sacremens, ainfy qu'il paroift par le certificat de leur Curé, & par l'acte y attaché, du 8. Ianvier 1666. cotté R.

Il eft vray que ce Teiffeïre qu'il fut differé quelque peu de temps, pour avoir loifir d'éclaircir certaine plainte contre luy. Il n'a ofé refufer cette declaration à la nobleffe, avec laquelle il a grande liaifon, bien qu'il püft reconnoiftre la juftice & prudence du procedé de fon Confeffeur.

mander la raifon, il luy fut répondu qu'il falloit qu'il payaft trente livres à un nommé Gafpard; Et quoy que le plaignant luy euft remis une Sentence du Senefchal de Limoux qui le déchargeoit de cette demande, le Curé perfifta tousjours qu'il devoit fe foûmettre à fon fentiment. Du 12. Iuillet 1663.

Calue de S. Paul, fe plaint qu'il a efté trois années fans eftre receu aux Sacremens par un des Curez de S. Paul, fous pretexte qu'il avoit baillé quelque beftail à Gazaille à quelques habitans du lieu de Raboüillet, & ayant fait venir lefdits païfans devant un autre Curé, & fait leurs comptes enfemble, il ne fe trouva de rien reliquataire envers eux, feu-Le Sieur Calve pere, ne dit pas qu'il eftoit redevable de la fomme de cent livres à la compagnie des Dames de la charité, dont il avoit difpofé, & qu'il differoit de rendre aufdites Dames cette fomme, quoy qu'il le püft faire par parties. M. d'Alet a pris connoiffance de cet empefchement eftant audit lieu de S. Paul, auffy bien que des débauches de fes enfans, aufquelles il n'a pas remedié en ce temps-là comme il pouvoit.

lement ledit Curé le pria de leur donner vingt-cinq fols par aumofne. Du 5. Aouft 1663.

Antoine Couferan de S. Martin, fe plaint qu'il a efté refufé à Confeffe, mefme en temps de Iubilé, parce qu'il avoit efté fubrogé par le Seigneur d'Anfignan à un bien que ledit Sieur d'Anfignan avoit fait decreter par un contract d'obligation d'une fomme legitimement à luy deüe.Cette plainte a efté extorquée par le Sieur de Saraute Seigneur de ce lieu; & Antoine Couferan ne fut difré que peu de temps en attendant qu'on éclaircit la plainte qu'un autre habitant avoit faitte contre luy; & comme on reconnut qu'il eftoit poffeffeur de ce bien en vertu des actes énoncez dans l'article, il fut receu.

Comme deffus.

Le même rapporte une declaration comme les biens qu'il tient par le fufdit decret avoient efté eftimez par Expers devant fon Confeffeur, & trouvé que le revenu defdits biens ne portoit point l'intereft de l'argent qu'il avoit payé. Du 9. Aouft 1663.

Ces trois plaintes de quelques habitans de ces lieux sont fausses.

On peut voir par le certificat du Curé de Feilluns, cotté S, qu'aucun de ce lieu n'a esté interdit, & que tous les parroissiens ont satisfait à leur devoir paschal. Le *Sieur de Saraute* leur Seigneur, & qui est celuy des Syndics qui a couru les villages avec un Notaire, les ayant interrogé si jamais on leur avoit refusé ou differé l'absolution, ces pauvres gens luy peuvent avoir dit qu'on la leur avoit quelquesfois differé, & il a pris cette réponse pour plainte. S'ils avoient eu sujet de se plaindre de la conduitte de leur Curé pour les faits marquez dans ces trois plaintes, M. d'Alet estant allé souvent dans ce lieu, comme dans tous les autres de son Diocese, ils s'en seroient plaints à luy.

Iean de Longa de Feilluns se plaint qu'il est refusé à la participation des Sacremens, même en temps de Iubilé pour quatre raisons frivoles trop longues à déduire, & qu'on peut voir dans l'Acte.

Du 9 Aoust 1663.

Pierre de Longa, se plaint qu'il a esté refusé à Confesse au temps Paschal, sous pretexte d'une pretenduë debte de trente livres qu'on pretendoit qu'il devoit à un sien oncle, quoy que par une Sentence d'arbitres à qui ils avoient remis leurs differens, il en eust esté déchargé.

Du 9. Aoust 1663.

Raymond Goudou, & Guiraud Alquier de Feilluns declarent que le nommé feu *Philippes Goudou* fut refusé à confesse en temps du Iubilé, pour ne vouloir se démettre de deux champs dont il joüissoit, lesquels il avoit par tiltre que le Seigneur luy en avoit fait, qui estoit en droit de le luy faire par la desertion qu'en avoit faite *Arnaud de Longa* qui les tenoit depuis long-temps incultes, ainsi qu'est porté par les reconnoissances du Seigneur qui luy permettent cinq ans aprés la desertion des terres, de les bailler à un autre. Du 9. Aoust 1663.

Pour la plainte de ces vingt-cinq habitasä de Caramaing, M. d'Alet en une de ses visites en prit connoissance. Ces habitans font trafic d'avoine qu'ils portent en Roussillon, ils estoient accoustumez à y mesler de la paille coupée, & à y verser de l'eau pour la faire

Vingt-cinq habitans de Caramaing, se plaignent avoir esté refusez à confesse pour des raisons frivolles.

Du 11. Aoust 1663.

enfler : le Curé les ayant fait venir tous devant M. d'Alet, & dit la raison pour laquelle il ne les avoit pû recevoir aux Sacremens, la chose estant publique en ce qu'ils se vantoient d'avoir plus ou moins fait croistre leur avoine ; ils promirent à M. d'Alet de quitter cette mauvaise coustume, & comme ils estoient tous fort pauvres, on se contenta de les obliger à quelque modique restitution. Voilà les raisons frivolles de ce refus. Certificat dudit Curé du 11. Ianvier, qui atteste que tous ses parroissiens ont fait leur devoir paschal, cotté T.

Ce ne fut qu'un delay d'oüir de confession ce Pierre Calvet, pour éclaircir la plainte qu'il dit avoir esté faite contre luy : car il ne dit pas qu'ensuit-

Pierre Calvet Baille du lieu de S. Martin dit ; que s'estant transporté au lieu du Vivier Parroisse dudit lieu de S. Martin pour gagner le Iubilé, & s'estant presenté pour cét effet au Sieur Pellissier que M. l'Evesque avoit envoyé pour confesser en ce lieu, pour luy faire sa confession; Ledit Sieur Pellissier aprés s'estre enquis du nom dudit Calvet, il luy auroit dit qu'il ne pouvoit le confesser qu'il n'eut satisfait à la demande qu'un nommé Graud son beau-frere luy faisoit de quelque supplément de legitime, dequoy ledit Calvet n'avoit jamais plus oüy parler, nonobstant quoy ne peut estre oüy en confession au grand scandale du peuple qui se trouva là. Du 11. Aoust 1663.

te il n'ait point esté receu aux Sacremens & gagné le Iubilé. Le Curé ne sçait rien de ce delay, qui peut avoir eu d'autres causes, & le scandale arrivé à l'occasion de ce refus est imaginaire.

Gaston de Trevillac, se plaint qu'il a esté privé des Sacremens pendant trois ans; parce qu'il n'a pû se confesser au Curé avec qui il ne pouvoit prendre aucune côfiance pour les démeslez qu'ils avoient eü ensemble, & que le Curé ne luy a voulu donner billet pour aller ailleurs que pour un Prestre qui luy estoit encore plus suspect. Du 11. Aoust 1663.

C'est un de ceux contre lequel il y a diverses plaintes d'injustices par luy commises dãs des trafics dont M. d'Alet a pris connoissance, & jusques à ce qu'il se soit resolu d'y satisfaire on n'a pû le recevoir aux Sacremens. V. le certificat du Curé attesté du Consul du lieu, du 9. Ianvier 1666. cotté V.

Loüise Contiere de Sournia, se plaint qu'elle fut refusée à confesse au temps paschal par le Curé dudit lieu, parce qu'elle n'alloit pas à la doctrine que faisoit Catherine Ovillanou femme de Raymond Rapidel. Du 13. Aoust 1663.

Cette plainte est frivole. On peut voir dans le certificat du Curé, cotté C, dans lequel celle-cy est la premiere, qu'il y a bien d'autres raisons de ce refus, celle qu'elle allegue estant fausse.

Pierre Denjean de Sournia, se plaint qu'ayant demandé billet au Curé dudit lieu pour s'aller confesser à un autre Prestre, le Curé luy auroit donné un Billet pour aller au Curé du lieu de Vivier: où estant allé, aprés qu'il eust dit tous ses pechez ledit Curé luy refusa l'absolution parce qu'il n'avoit pas signé le Syndicat contre le Seigneur de Sournia, & luy dit qu'il faisoit grand tort à sa conscience, & qu'il mourroit damné. Du 13. Aoust 1663.

Le Curé de Sournia ne sçait rien de ce refus, qui s'est fait dans le secret de la confession, sur lequel aussy le Curé du Vivier ne peut rien dire; ce qui fait voir que cette plainte est fausse, est que plusieurs autres habitans de Sournia, qui non seulement n'estoient pas syndiquez contre leur Seigneur, mais qui estoient pour luy, n'ont pas esté refusez aux Sacremens.

Iean Pierre Serres de Sournia,

Le Curé ne peut pas avoir allegué

cette raifon à ce laquais pour quitter fon maiftre, puis qu'il n'eft pas vray qu'il fut excommunié, & qu'il eft trop bien informé des regles de l'Eglife pour ne fçavoir pas que l'excommunication n'empefche pas que les valets ne rendent à leurs maiftres le fervice qu'ils leur doivent.

Il eft facile de faire de ces fortes de plaintes pour plaire à fon Seigneur, lequel eftime affez fon Curé à caufe de fa vertu exemplaire pour ne la pas croire, bien qu'il ne foit pas fatisfait de luy à caufe de fa fidelité aux regles du Diocefe & à fon miniftere.

fe plaint qu'eftant allé au temps pafchal à confeffe au Curé dudit lieu, il fut refufé, fous pretexte qu'il eftoit laquais du Seigneur de Sournia à qui le Curé dit qu'il le devoit quitter, parce que ledit Seigneur eftoit excommunié, & fes freres auffy.

Du 13. Aouft 1663.

Catherine Pigeon de Sournia, fe plaint qu'eftant allé à confeffe au temps pafchal, aprés que le Curé auroit oüy fes pechez luy auroit refufé l'abfolution, parce qu'elle & fon mary tenoient une métairie du Seigneur de Sournia, & luy promit de luy donner l'abfolution & luy faire trouver party ailleurs fi elle vouloit quitter ledit Seigneur de Sournia.

Du 13. Aouft 1663.

Le certificat du Curé éclaircit ces plaintes, il eft cotté comme deffus C. Celle-cy eft fauffe.

Iean Serres Boulenger de Sournia, fe plaint qu'il a efté fouvent refufé à confeffe luy & fa femme, parce que l'un & l'autre frequentoient le Chafteau dudit lieu.

Du 13. Aouft 1663.

Si cette demeure, à caufe de la débauche des enfans, luy eftoit dangereufe, ce confeil eftoit falutaire.

Gabrielle Garriguette de Sournia, declare qu'eftant allée à confeffe au temps de Pafques au Curé de Sournia, ledit Curé luy auroit demandé fi elle demeuroit avec la Dame dudit lieu, & luy ayant répondu qu'elle l'avoit quittée, le Curé luy donna l'abfolution, avec promeffe de ne fe loüer plus avec ladite Dame ; & que fi elle vouloit prendre party, il luy feroit donner de bons gages ailleurs.

Du 13. Aouft 1663.

Ce témoin s'eftant laiffé corrompre par les Sieurs de Sournia, & ayant contre la verité connüe changé fa depofition dans la confrontation, il s'eft reconnu depuis & a efté receu aux Sacremens.

Pierre Lacaze de Sournia, fe plaint qu'il a efté refufé à confeffe les Pafques dernieres par le Curé dudit lieu, qui luy dit ne pouvoir luy donner l'abfolution qu'il n'euft parlé à M. l'Evefque d'Alet ; & le plaignant dit que ledit Seigneur Evefque eftant venu quelque temps aprés dans ledit lieu de Sournia ; ledit plaignant fe feroit prefenté à luy pour le prier d'ordonner au Curé d'oüir sa confession, & luy administrer les Sacremens; Ledit Seigneur Evesque luy dit, qu'il falloit plûtost qu'il rendit l'argent, que le Syndic du Clergé luy avoit baillé pour aller à Tholose pour estre confronté aux Sieurs de Sournia, où il n'avoit rien fait qui vaille, & que cét argent estoit comme s'il l'avoit dérobé audit Syndic, & ne l'ont jamais voulu confesser. Du 14. Aoust 1663.

Claire Trille de Sournia femme mariée, se plaint qu'estant allée à confesse au temps de Pasques, elle fut refusée, sous pretexte que Messieurs du Chasteau *Celle-cy aussy a reconnu la charité de son Curé vers elle, & s'est soûmise à ses avis. Cela paroist par le Certificat dudit Curé, cotté C.* de Sournia frequentoient sa maison, & que le Curé la vouloit obliger de deposer contre les Sieurs de Sournia, quoy qu'elle luy eust protesté plusieurs fois qu'elle ne sçavoit rien. Du 14. Aoust 1663.

Gabrielle Escorne de Sournia, se plaint que s'estant presentée au Curé dudit lieu pour se confesser les festes de Pasques, qu'elle a esté refusée, sous pretexte & par un prealable elle ne se fut reconciliée avec sa belle sœur, & *Celle-cy a fait la même chose, & il est inoüy que des Gentilshommes obligent ainsy leurs Vassaux à leur reveler les secrets de la conduitte de leurs Pasteurs, & qu'ensuitte ils les produisent comme des plaintes qu'ils ont extorqué d'eux.* quoy qu'elle eust dit audit Curé qu'elle ne luy vouloit point de mal, pour obeïr aux ordres de son Curé elle seroit allée chez sa belle sœur qui ne l'auroit voulu voir; & s'estant un autre jour rencontré à l'Eglise où sa belle sœur se devoit rendre pour faire la reconciliation, elle auroit là inutilement attendu, sadite belle sœur ne s'y estant pas rendüe: neanmoins aprés toutes ces avances ledit Curé ne luy voulut point administrer le Sacrement de Penitence. Se plaint encore qu'il y a environ un an & demy qu'une sienne parente mourut sans Sacremens. Du 14. Aoust 1663.

Sacaza d'Ansignant se plaint que s'estant presenté à son Curé en temps de Iubilé pour faire sa confession, il auroit esté refusé sous pretexte qu'il n'avoit pas achevé de payer le dot d'une sienne fille qu'il avoit mariée, quoy qu'il protestast audit Curé, qu'il ne devoit rien.
Du 14. Aoust 1663.

Ce Curé est d'une pieté exemplaire, il est Gentilhomme, il paroist par son certificat que cet homme s'est soûmis. Monsieur le Doyen de S. Paul, qui est Seigneur de ce lieu, a témoigné à Sieur de Saraute le déplaisir qu'il luy avoit fait d'avoir exigé cette declaration de son Vassal contre la verité. Ledit certificat est du 11. Ianvier 1666. cotté X.

Douze habitans de S. Arnac, se plaignent qu'eux, & plusieurs *Ils peuvent bien avoir declaré qu'ils avoient esté differez, mais ils ne s'en* font pas plaints. Certificat du Curé cotté E.

Si contre les Ordonnances de l'E-glife & du Roy il recevoit (fur tout les feftes & Dimanches) les habitans du lieu & avec fcandale, le Curé a efté bien fondé, & c'eft ce qu'il certifie par fon certificat cotté F.

Il eft facile de faire de telles plain-tes; on la foûtient fauffe, & que fi cet-te femme a efté refufée, ce n'a efté que pour des raifons graves, & felon l'ordre de l'Eglife, c'eft pour la deu-xiéme fois qu'elle eft produitte.

tant qu'elle iroit décoëffée, elle cremens. Du 2. Septembre 1663.

La verité eft qu'il avoit chaffé fa femme, & l'ayant reprife, il a efté re-ceu aux Sacremens, & eft mort les ayant receu tous, comme il paroift par le certificat du Vicaire de ce lieu, cotté G.

ce qu'il n'a pû obtenir à caufe de fa caducité. Du 4. Septembre 1663.

S'ils ne changent de vie, ils ne les recevront jamais eftant des débau-chez infignes, gens à tout faire, & autheurs de tous les defordres, char-gez de crimes, pour lefquels ils font decretez en divers tribunaux.

danfé en temps de Carnaval. Du 4. Septembre 1663.

La plainte de la premiere eft injufte, ce cas de coucher les enfans au lit avec peres & meres devant l'an & jour, eftant dans tous les Rituels deffendu fous peine d'excommunication, à cau-fe du danger qu'il y a de les étouffer, comme il n'arrive que trop fouvent. La deuxiéme, n'a pas eü peine dés le commencement à fçavoir pourquoy elle eftoit non pas rejettée du confef-fionnal, mais differée, puis qu'elle eft plus coupable que fon mary des de-

autres du mefme lieu ont efté refufez à confeffe au temps paf-chal, fans fçavoir pourquoy. Du 14. Aouft 1663.

Alexandre Barriere du Vivier, fe plaint qu'il a efté plufieurs fois refufé à confeffe, parce qu'il tient Cabaret. Du 15. Aouft 1663.

Gabrielle Garriguette de Sour-nia, fe plaint qu'eftant voulu al-ler à confeffe un jour de Noftre-Dame, elle fut refufée, parce qu'elle avoit efté à la Meffe dé-coëffée; & le Curé luy dit, que ne feroit jamais receüe aux Sa-cremens.

Gauly de S. Sernin âgé de quatre-vingts dix ans, fe plaint que le Curé dudit lieu luy refufe les Sacremens, parce que fa fem-me l'a quitté, quoy qu'il l'ait fait fouvent prier de revenir avec luy,

Artofoul & Roquette de Quil-lan fe plaignent qu'il y a cinq ans qu'ils font privez de la frequen-tation des Sacremens parce qu'ils n'ont voulu obeïr à quatre cita-tions qu'on a fait pour leur avoir

Sardane & Mateille du Vivier, fe plaignent qu'elles ont efté re-fufées à confeffe. La premiere, fous pretexte qu'elle avoit donné à taiter à un enfant dans le lit, qui n'avoit encore un an entier, & l'avoit remis tout incontinent dans fon berceau; Et la feconde qu'elle a efté plufieurs fois refu-fée, & rejettée fcandaleufement du confeffionnal, fans luy en vouloir dire le fujet : Elle a découvert neanmoins depuis quelque temps, que c'eftoit parce que fon mary tenoit cabaret. Du 12. Septembre 1663.

fordres qui fe commettent dans leur maifon tenans cabaret.

Martin du Pont Meufnier du Vivier, fe plaint qu'il eft refufé à confeffe, fous pretexte qu'il prend fes repas au cabaret eftant eftranger, & n'ayant ny femme, ny domicile. Du 13. Septembre 1663.

C'eft un homme marié qui a fa femme, domicilié au moulin, & neanmoins il eft jour & nuit au cabaret.

Iean Barriere du Vivier, fe plaint qu'il a efté refufé à confeffe par le Curé dudit lieu, fous pretexte qu'à caufe de fa pauvreté, il avoit emprunté trois efcus de l'Oevure de la Parroiffe ; & quoy qu'il ait protefté au Curé, & promis de les rendre dés qu'il en auroit le moyen, neanmoins il ne l'a jamais voulu recevoir aux Sacremens. Du 12. Septembre 1663.

Eftant Marguillier, il a mangé l'argent de l'Eglife qu'il avoit en maniment, & on n'a pû le recevoir qu'il ne l'ait reftitué comme il le peut.

Douze Habitans de Lavagnac, fe plaignent qu'ils auroient efté refufez à confeffe par leur Curé, pour avoir danfé quelques courantes fans violons, & fans fcandale, & hors du têps des Offices. Du 14. Septembre 1663.

Ils avoient continué leur danfe toute l'aprés-difnée, & mefmes pendant Vefpres, ce qui avoit efté fcandaleux, le Curé refufa de les admettre au Sacrement de Penitence qu'ils n'euffent en quelque forte reparé le fcandale. C'eft ce qui paroift par fon certificat du 10. Ianvier 1666. cotté Y.

Pierre Crambes de Lavagnac, fe plaint que le Curé dudit lieu ne luy a jamais voulu adminiftrer le Sacrement de Penitence, ny luy donner billet pour s'aller confeffer ailleurs quelles requifitions qu'il luy en ait faites, pretendant que ledit plaignant luy devoit cedder un pré qui eftoit joignant la maifon Prefbyteralle, le Curé n'ayant autre tiltre que la penfée qu'il avoit que ce pré eftant fi prés de la maifon Prefbyteralle, devoit appartenir au Curé, quoy que le plaignant luy offrit de le remettre au dire des arbitres. Du 14. Septembre 1663.

Le pré appartient à l'Eglife, comme on l'a fait voir par les reconnoiffances des biens de l'Eglife, & l'ufurpation eftoit & recente & notoire.

Quatre Habitans Defperaza, declarent qu'à caufe que quelques jeunes garçons & filles danferent un jour de fefte aprés les Vefpres fans fcandale, leur Eglife demeura long temps interdite, pendant lequel temps moururent plufieurs perfonnes qui furent portées au cimetiere fans Preftre, au grand fcandale de toute la Parroiffe. Du 16. Septembre 1663.

Cette danfe fut faite fcandaleufement le jour de l'Affomption de Noftre-Dame, jour auquel il eft deffendu par les Ordonnances Synodales de danfer fous peine de ceffation des Offices. Il eft faux qu'aucune perfonne ait efté pendant ce temps enterrée fans Preftre.

Le Curé

Le Curé ne s'eſt point expliqué ſur ce fait, & il peut y avoir d'autres cauſes: celle de cette plainte eſt legitime ſi l'injuſtice eſtoit évidente, ſans obliger la partie lezée à plaider.

Iean François Teïſſeïre de Rennes, ſe plaint qu'il eſt refuſé aux Sacremens, ſous pretexte qu'il a achetté une piece de terre à vil prix, le plaignant n'ayant voulu payer la plus valüe, mais dit au Curé que le vendeur avoit la voye de la juſtice pour ſe faire faire raiſon.

Du 16. Septembre 1663.

Il eſt notoire à toute la Parroiſſe que cet homme bat & traitte cruellement ſa belle-mere, & c'eſt le ſujet qu'on à eü de luy differer les Sacremens.

Eſtienne Rouſſet de Rennes, ſe plaint que le Curé dudit lieu luy a refuſé de luy adminiſtrer le Sacrement de mariage, & celuy de la penitence depuis deux ans, ſous pretexte qu'on preſuppoſe que le plaignant doit une charge de bled à un particulier, quoy que le plaignant ſoûtienne le contraire, & offre en cas qu'on le verifie de le payer.

Du 16. Septembre 1663.

Cette femme à toujours eſté, à ſcandale dans la Parroiſſe, cy-devant par ſa débauche, & maintenant par ſes inimitiez, par les emportemens de ſa colere, & par les mauvais traittemens dont elle uſe envers ſon mary.

Marie Teïſſeïre de Rennes, ſe plaint qu'elle eſt refuſée à confeſſe, parce qu'elle n'a point voulu embraſſer une femme avec qui elle a eü quelque démeſlé, quoy qu'elle luy ait demandé publiquement pardon à l'Egliſe, ce qu'elle offre de faire, mais non de l'embraſſer.

Du 16. Septembre 1663.

Il s'eſt ſoûmis & a fait ſon devoir paſchal depuis ſa plainte; ce qui fait voir qu'il faut que les choſes n'ayent pas eſté telles qu'elles ſont rapportées icy.

François Moulins de Rennes, ſe plaint que ſon Curé luy a refuſé de luy adminiſtrer le Sacrement de Penitence, ſous pretexte qu'il a achetté deux aſnes pour le prix de ſix à l'enquant en place publique eſcus, que des gardes de ſel faiſoient vendre, quoy que le plaignant ait offert audit Curé de les rendre à ceux à qui on les avoit pris, en luy rendant les ſix eſcus; ou ſi mieux le Curé n'aimoit les prendre & bailler les ſix eſcus au plaignant.

Du 16. Septembre 1663.

Il va aux feſtes de Patron, & eſt occaſion de profaner ces jours, & joüe des airs qui excitent à l'impureté, & à faire des danſes des-honneſtes.

Guillaume Pradel de Rennes, ſe plaint que le Curé dudit lieu luy a refuſé les Sacremens de Penitence, parce que ledit plaignant ne veut pas luy remettre un haut-bois avec lequel il gagne ſa vie.

Du 16. Septembre 1663.

D

Philippes Chabaud de Quil-
lan, se plaint qu'il est refusé à confesse pour avoir dansé au temps
de Carnaval hors du temps dés Offices.

C'est un homme fort déreglé & coupable de continuelles friponneries &
scandales.

Du 21. Septembre 1663.

Antoine Aurelle de Quillan,
se plaint qu'il est refusé à confes-
se pour avoir beu un jour de Feste dans un Cabaret, & qu'outre
cela il est poursuivy criminellement sous le nom du Promoteur d'A-
let. Du 23. Septembre 1663.

C'est un yvrogne public, qui a esté
repris de larcin par la Iustice.

Cecille Ref de Cassaignes, se
plaint qu'elle est privée de la frequentation des Sacremens, parce
qu'elle ne sçait pas dire son *Credo* distinctement.

Elle est dans la derniere ignorance
des choses de son salut, pour ne vouloir s'appliquer à les apprendre.

Du 26. Septembre 1663.

Lettre de Vincent Ragot, par
laquelle il ordõne au Vicaire des
Bains de differer d'administrer le
Sacrement de Mariage à un particulier jusques à ce qu'il ait fait
une penitence publique qu'il luy ordonne.

Quel sujet de plainte, si ce particulier avoit commis quelque scandale? mais cette lettre ne paroit point.

Du 28. Septembre 1663.

Antoine Camou de Pezilla,
se plaint qu'il est refusé à confesse, sous pretexte qu'il a un procez
avec un sien beau-frere.

La rebellion ouverte des Habitans
de ce Village contre leur Curé & contre leur Evesque qui scandalise tout le
Diocese, rend leurs plaintes nulles; Le
Curé dans son certificat ne dit rien sur
cette plainte, & il y a apparence, ou
qu'elle est fausse, ou que ce refus a
d'autres causes. V. certificat du Curé
dudit lieu, cotté S.

Du 1. Octobre 1663.

Pierre Eschausses Marchand
de Montalba, se plaint qu'il est
refusé à confesse depuis long-
temps, sous pretexte qu'il a vendu un jour de Feste, & qu'il a
achetté des laines par avance,
quoy que le plaignant soûtienne
qu'il ne le fait plus depuis long-
temps, & qu'il promette de ne le
plus faire à l'advenir.

Monsieur d'Alet a pris souvent
connoissance des affaires de ce Marchand, oüy & examiné en sa presence les plaintes faites contre luy,
il n'a point voulu reparer le passé,
ni se bien regler pour l'advenir pendant long-temps ; ce qu'ayant fait
enfin, il a esté receu aux Sacremens
comme il paroist par le certificat de
son Curé du 12. Ianvier 1666. cotté
Z.

Du 3. Octobre 1663.

Iean Cuxac dit Redon, se
plaint qu'ayant dessein de se ma-
rier, il auroit voulu aller quelques
jours auparavant à confesse, &

Cette plainte est fausse, & on n'a
jamais oüy parler de ce qui y est
contenu ; c'est ce qui paroist par la
lettre du Curé de Nebias cy-dessus
cottée L, qui dit qu'il ne croit pas

ce Cuxac assez meschant homme pour avoir fait une telle declaration.

auroit esté refusé par son Curé, qui luy ordonna d'aller trouver M. l'Evesque d'Alet, ce qu'il auroit fait, & le plaignant dit que Monsieur l'Evesque luy ordonna de donner à un sien fils, une partie d'un courtal qu'il avoit, sur peine qu'il ne seroit jamais receu à confesse, & que mesme il seroit interdit de l'entrée de l'Eglise. Du 10. Octobre 1663.

N'ayant point fait son devoir paschal, il n'a pû estre receu pour Parrain ; & s'il a esté refusé à confesse, c'est sans doute qu'il n'estoit pas dans les dispositions requises pour recevoir les Sacremens.

tenoit un enfant à baptesme.

L'injustice de ces plaintes faites au Roy, rend nulles celles que l'on dit que font ici ces Habitans; mais on void par le certificat du Curé cotté comme dessus Y, que sa Parroisse estant composée de cinq Villages ou Hameaux, nul des quatre autres ne se plaint de luy, mais seulement celuy de Lavagnac, parce qu'en ayant cité devant M. l'Evesque d'Alet pour un scandale public, ils en auroient receu penitence.

Bernard Baye n'ayant pas fait son devoir paschal, dont il n'ose dire la cause, il n'a pû estre receu pour estre Parrain.

Iean Satget de Sournia, se plaint qu'il a esté refusé à confesse au temps paschal plusieurs fois ; & qu'ensuitte sous ce pretexte, rejetté scandaleusement devant la porte de l'Eglise, où il Du 4. Novembre 1663.

Quatorze Habitans de Lavagnac, se plaignent qu'ils sont refusez à confesse au temps paschal par le Curé dudit lieu, & mesme menacez des censures de l'Eglise, à cause des plaintes qu'ils ont envoyé à sa Majesté des mauvais traitemens qu'ils reçoivent de leur Curé. Du 4. May 1664.

Bernard Beye de Sournia, se plaint qu'il a esté refusé à confesse au temps pas[chal] & que sous ce pretexte, quoy qu'il n'ait

pas tenu à luy, s'y estant presenté plusieurs fois, il a esté rejetté scandaleusement à la porte de l'Eglise, où il portoit un enfant à baptesme, le Curé ne l'ayant pas voulu recevoir pour Parrain dudit enfant. Du 11. May 1664.

Il est vray, pour les raisons qu'on a dittes au troisiéme éclaircissement §. 14. de la premiere partie de ce Factum.

Il a esté mis cy-devant au nombre des interdits, & est mort. V. premiere partie, Ecclairciss. 3. §. 5.

Il n'est pas vray qu'il soit refusé à confesse.

C'est le fils aisné du Sieur de Rennes, qui vit avec scandale.

On en a dit les raisons en la pre-

GENTILS-HOMMES.

Monsieur de Sarraute refusé à confesse.

Monsieur de Sournia refusé à confesse.

Monsieur de Castel Fisel refusé à confesse.

Monsieur d'Aussillon refusé à confesse.

Monsieur de Coustaussa refufé à confeffe.

Monfieur de faint Ferreol refufé à confeffe.

Monfieur le Chevalier d'Ef-
couloubre refufé à confeffe.

Monfieur de la Serpent refufé
à confeffe.

Monfieur de Beaufort Paillés
refufé à confeffe.

Monfieur du Clerc refufé à
confeffe.

Monfieur de Commeuvelle refufé à confeffe.

Monfieur de faint Clement refufé à confeffe.

Monfieur de Roquefort refufé à confeffe.

Monfieur de Medaille refufé
à confeffe.

Monfieur de Monpied refufé
à confeffe.

Monfieur de la Val refufé à
confeffe.

Monfieur de Belloc refufé à
confeffe.

Madame de Rafiguieres refufée à confeffe.

Madame de Rennes refufée
à confeffe.

---

miere partie de ce Factum au 3. Efclairciffement §. 7.

On en peut voir les raifons dans
la premiere partie de ce Factum. V. §.
16. du troifiéme Efclairciffement.
Il eft à Paris depuis plufieurs années.

On en a dit la caufe au §. 16. du troifiéme Efclairciffement. Il eft venu depuis peu de jours trouver M. d'Alet
pour fe mettre en eftat de recevoir les
Sacremens, & remedier à fes empef-
chemens.

Il n'eft pas refufé, & il demeure
hors le Diocefe, comme il paroift par
le certificat de fon Curé, cotté A A.

On a parlé cy-devant du Sieur du
Clerc, & on ne fçait pas icy de qui on
veut parler.

Ses débauches qu'il continüe font
notoires avec deux filles dont il a eü
des enfans, & il ne penfe ni à quitter
le peché, ni à reparer le fcandale qu'il
a donné.

C'eft un des Sieurs du Clerc Chanoine de S. Paul; on a dit cy-devant
les raifons de ce refus; & il eft repeté
icy inutilement.

Il n'y a que le Sr de Couftauffa de
ce nom; on peut voir ce qui eft dit de
luy au §. 7. du troifiéme Efclairciffemét
de la premiere partie de ce Factum.

C'eft au contraire une perfonne de
pieté qui fe confeffe & communie fouvent.

C'eft un Curé du Diocefe de Narbonne, nepveu du Sieur de Villa de
Comme-fourde; il tient auffy la Cure
de Roquefeil dans le Diocefe d'A-
let, on en a parlé dans une inftruction
particuliere.

On ne fçait qui c'eft.

C'eft un Chanoine d'Alet qui a receu les Sacremens depuis fa penitence.

On en dira cy-aprés la caufe à l'article de fa plainte.

Idem.

Idem. Sa plainte eſt ſous le nom de Damoiſelle Anne de Luillier.

Si elle eſt refuſée à confeſſe, ou plûtoſt qu'on luy ait differé l'abſolution, c'eſt pour quelque Cas ſecret dont le Curé n'a pû parler.

Elle reçoit les Sacremens depuis ſa penitence.

Idem. C'eſt ſa mere.

Le Sieur Marc Calve a fait mettre dans cet acte ce qu'il a voulu contre la verité, mais voicy ſon eſtat. Il eſt heritier d'un uſurier qui ne luy a donné ſon bien qu'à condition qu'il feroit les reſtitutions ſelon que M. l'Eveſque d'Alet l'ordonneroit, à quoy il n'a point ſatisfait, & a mangé partie de ce bien; il mene une vie déreglée & ſcandaleuſe, comme il paroiſt par le certificat du Curé de Raboüillet qui eſt un fort hôme de bien, qui ſoûtient cette plainte calomnieuſe s'en eſtant toûjours plaint. Cet Acte fait voir qu'il eſt coupable d'impieté, & ainſi on ne peut adjoûter foy à tout ce qu'il dit; il a commencé depuis quelque temps à ſe reconnoître, & a témoigné avoir quelque envie de ſe mettre en voye de ſalut, le certificat dudit Curé eſt cotté B B.

Mademoiſelle de Foncouverte refuſée à confeſſe.

Mademoiſelle de Calve refuſée à confeſſe.

Mademoiſelle de Fromont refuſée à confeſſe.

Mademoiſelle de Luga refuſée à confeſſe.

Le Sieur Marc Calve, ſe plaint qu'il a eſté refuſé à confeſſe au temps paſchal, ſous pretexte qu'il a veu le Sieur de Raſiguieres ſon proche parent qui plaide contre Monſieur l'Eveſque, pour raiſon d'une pretenduë excommunication. De plus, qu'eſtant allé le jour de la Nativité de la Vierge à l'Egliſe des Peres Auguſtins de Courbiac Dioceſe de Perpignan, où il y a ce jour là des Indulgences & grand concours de peuple, il ſe feroit confeſſé à un Pere approuvé de l'Ordinaire, & receu la ſainte Communion pour y gagner leſdites Indulgences; & deſirant enſuitte ſatisfaire à ſon devoir paſchal, & croyant que ſon

Curé auroit reconnu le peu de raiſon qu'il avoit de le rejetter de la confeſſe, ſe feroit de rechef preſenté à luy, & eſtant à genoux dans le confeſſionnal, ledit Curé luy auroit dit que s'il vouloit eſtre receu à la confeſſion, il falloit faire deux choſes: La premiere, de luy promettre de ne voir plus ledit Sʳ de Raſiguieres: Et la ſeconde, de refaire la confeſſion qu'il avoit faite aux Peres Auguſtins de Courbiac eſtant nulle & invalide; ce que le plaignant ayant refuſé, il ſe feroit levé, & requis un Notaire de luy retenir Acte, auquel le Curé auroit répondu qu'il luy avoit donné l'abſolution, & le plaignant luy ayant dit, pour en tirer la verité; que puis qu'il luy avoit donné l'abſolution, il luy devoit donner la ſainte Communion; A quoy le Curé auroit répondu parlant en particulier au plaignant, qu'il feroit ſemblant de luy donner la ſainte Communion, ne croyant pas qu'il voulut recevoir le Corps precieux de noſtre Seigneur, ſçachant bien qu'il n'avoit pas l'abſolution; & le plaignant le preſſant d'advoüer donc la verité, ledit Curé luy répondit qu'il l'avoit refusé, parce qu'il devoit de l'argent à un homme de Caudiés.

Du 13. Septembre 1663.

Anne de Niort se plaint qu'elle a esté refusée à confesse par son Curé, parce qu'elle avoit veu le Sieur de Rasiguieres.

Du 12. Septembre 1663.

Damoiselle Anne de Luilier se plaint qu'elle a esté refussée à confesse, sous pretexte qu'elle a salüé ledit Sieur de Rasiguieres son proche parent.

Du 13. Septembre 1663.

Cette Damoiselle demeure à Foncouverte avec la Damoiselle de Foncouverte appellée Anne de Luilier, le Curé qui est celuy de Raboüillet declare par son certificat qu'elle n'est pas refusée aux Sacremens, il peut les avoir differées quelquesfois à cause de l'accüeil qu'elles faisoient chez elles sans necessité au Sieur de Rasiguieres excommunié, ce qui scandalisoit la Parroisse.

PENITENCES PVBLIQVES.

Troisiéme Plainte.

Que Monsieur l'Evesque d'Alet fait pratiquer sans distinction de qualité, ni de sexe, aux hommes, femmes, Ecclesiastiques, & Laïques des penitences publiques pour des causes tres legeres; comme danses modestes faites hors du temps des Offices & sans scandale, & autres sujets frivoles à la porte de l'Eglise, le plus souvent la torche à la main, & avec manifestation des Cas.

RE'PONSE.

Cette plainte est refutée dans la premiere partie du Factum page 24. & on n'impose ces penitences que dans l'ordre de l'Eglise, & pour des pechez scandaleux. On a dit dans le cinquiéme Esclaircissement de la premiere partie de ce Factum, de quelle maniere les danses se font pour l'ordinaire dans le Diocese d'Alet; On les peut appeller avec verité une prostitution publique de la pudicité de la jeunesse, tant elles sont lascives & des-honnestes; L'experience de 25. années a fait connoistre à M. l'Evesque d'Alet

qu'elles estoient la source d'une infinité de pechez; il a donc deub pour s'acquitter de son ministere, employer tous les moyens que la charité Pastorale luy a pû suggerer, pour détourner ses Diocesains d'un mal si pernicieux, mais il n'a jamais imposé penitence publique pour ces danses qu'elles n'ayent esté tres scandaleuses. Les Evesques voisins les ont aussy bien deffendües que luy.

PREUVES.

Lettre du Sr Ragot au Sr Peprats Curé de Montfort, qui ordonne audit Curé de faire faire penitence publique à trois garçons pour avoir joüé du violon, & leur faire payer une amende pecuniaire.

Du 4. Septembre 1660.

Le Sieur Peprats soûtient qu'il est faux qu'on luy ait écrit cette lettre, ses parroissiens de Montfort n'ayans jamais dansé ni loüé violons depuis qu'il est dans ladite parroisse, ni festes, ni jours ouvriers. Si c'est avant qu'il fut Curé de ce lieu, on a justifié dans la premiere partie du Factum cette conduitte de donner des penitences publiques lors qu'on avoit dansé aux festes de Patron.

Idem. **Lettre du Sieur Ragot au Curé du Bezu**, par laquelle ledit Sieur ordonne de la part de M. l'Evefque d'Alet de faire faire penitence publique à trois garçons pour avoir joüé du tambour, & recevoir d'eux une amende pecuniaire.   **Du 4. Septembre 1660.**

On ne fçait ce que c'eft que cet ordre, mais s'il a efté donné, ce n'a efté que pour des pechez fcandaleux, ainfy qu'il a efté dit cy-deffus.

Chacun fçait que cet ordre de penitence fut donné à ce Curé, convaincu d'incefte, à la priere de M. de Rennes qui l'appuyoit pour éviter la rigueur de la juftice, & que cet aveu de fa faute fe fit dans la chapelle de l'Evefché en prefence de feu M. le Prince de Conty & de plufieurs perfonnes de qualité. On a parlé de cette hiftoire dans une réponfe aux calomnies avancées par le Sieur de l'Eftang Doyen d'Alet, pag. 28.

Qu'y a-t-il à reprendre en cette lettre? on y void un Curé qui a bien du zele pour le falut de fes parroiffiens, & pour le bon ordre de fa parroiffe. Son certificat du 5. Ianvier dernier, cotté C C, merite d'eftre leu; on y verra qu'autant de foin que ce bon Curé prend pour le falut de fes parroiffiens, autant de foin M. de Nebias prend pour entretenir le vice & les débauches dans cette parroiffe. C'eft luy qui a donné cette lettre, mais la maniere dont elle eft venuë entre fes mains décrite dans ce certificat, eft indigne non feulement d'un Gentilhomme, mais de toute perfonne qui a un peu d'honneur.

Idem.
C'eft le même Cas que deffus.

Il eft notoire qu'on fit venir toutes ces perfonnes dans le Chafteau de Rennes, où le Sieur & la Dame de Rennes les interrogerent fi jamais ils avoient efté mis en penitence, & fi on leur avoit differé l'abfolution: & ils firent écrire comme plaintes, tout ce

Vn ordre de penitence où il y a divers chefs fans datte pour plufieurs habitans de Quillan, dont le premier article eft une penitence publique pour avoir danfé un jour de fefte.

Maiftre Pierre Arfen Preftre a efté condamné à faire penitence publique, l'ordonnance eftant en ces termes : *Primò*, Qu'il demandera publiquement pardon du fcandale d'impureté pour lequel il eft en prevention. **Du 20. Avril 1661.**

Lettre du Curé de Brenac écrite au Promoteur d'Alet, par laquelle il luy donne avis qu'il a attrapé deux garçons beuvans dans un cabaret, & qu'il les luy envoye, afin qu'il leur impofe une penitence publique. **Du premier May 1663.**

Exploict de citation faità trois hommes de Brenac par le Curé dudit lieu pour fe rendre à Alet, pour s'y voir condamner aux penitences & amendes, pour avoir beu dans un cabaret, & au Cabaretier qui leur a donné du vin un jour de fefte. **Du 29. Avril 1663.**

Plainte d'un grand nombre de perfonnes du lieu de Rennes, entr'autres dix femmes, ou filles, qui ont fait penitence publique pour avoir danfé apres les Vefpres, & un autre nombre d'hommes pour

des causes frivolles.
Du 11. Iuillet 1663.

Plainte d'un grand nombre d'Habitans du lieu des Bains qui ont fait penitence publique, & ont payé des amendes pecuniaires pour danser, & autres choses frivolles.

Du 18. Iuillet 1663.

Se plaignent plusieurs femmes, filles, hommes, & garçons dudit lieu de Caudiés qu'ils ont esté interdits de l'entrée de l'Eglise, refusez aux Sacremens, & fait penitence publique pour y estre rétablis. Du 8. Aoust 1663.

Se plaignent plusieurs Habitans de Vira de tout sexe, que pour avoir dansé sans instrumens le jour de sainte Croix aprés les Vespres auroient esté interdits de l'entrée de l'Eglise par leur Curé, & pour y estre rétablis, auroient esté obligez d'aller à Alet avec grands frais se presenter à Monsieur l'Evesque qui leur auroit ordonné une penitence publique à genoux à la porte de l'Eglise pendant un mois.

Du 10. Aoust 1663.

Se plaignent trois Habitans de Trevillac, qu'ayans voulu danser un jour de S. Sebastien aprés les Vespres, le Curé dudit lieu seroit venu à eux, & les auroit menassez de leur faire donner le foüet par la main du Bourreau; & quoy qu'ils eussent cessé leurs danses, le Curé les tira de l'Eglise scandaleusement le Dimanche aprés, & les tint en cet estat pendant un mois, & pour y estre receus, leur fit faire penitence publique. Du 11. Aoust 1663.

Se plaignent trois autres habitans dudit Trevillac, qu'ils furent interdits de l'entrée de l'Eglise pendant un long temps, & que pour y estre restablis ils auroient

que ces bónes gens dirent, & l'on soûtient qu'on n'a point imposé de penitence publique, que pour des cas graves & scandaleux, comme il a esté dit.

Le Sieur de Rennes en fit autant aux Bains dont il est Seigneur, & il est faux qu'on ait jamais condamné personne à des amendes, quoy qu'il soit vray qu'on les ait quelquesfois obligé à quelques aumosnes.

L'Archiprestre & Curé de Caudiés dans son certificat ne dit rien sur cet article, exprimé d'une maniere vague sans nommer les personnes. Il est facile de faire de telles plaintes.

C'est le jour de la feste du lieu, & ainsy il y eust cessation d'offices, Certificat de celuy qui estoit alors Curé, du 12. Ianv. 1666. cotté D D. Cette circonstance de la porte de l'Eglise, &c. est fausse.

Le certificat du Curé, attesté du Consul, éclaircit cette plainte, & en fait voir l'injustice, ces personnes par leurs danses scandaleuses ayans mal édifié toute la parroisse, & neanmoins s'estans reconnus au bout de quinze jours ou environ, ils furent receus à l'Eglise.

Ils arresterent cette femme trois ou quatre jours au grand scandale de tous les environs. C'est une pitoyable plainte que celle-cy & indigne d'une noblesse chrestienne. Cette circonstance de torche à la main est fausse, aussy

aussy bien que de dire qu'ils furent interdits.

fait pendant trois Dimanches penitence publique à la porte de l'Eglise la torche à la main, sous pretexte qu'ils avoient eü commerce avec une femme étrangere, & qui ne faisoit que passer audit lieu. Du 11. Aoust 1663.

Comme on ne nomme point ces trois habitans, il y a apparence que c'est Segala dont il a esté parlé cy-dessus, qui fit penitence pour avoir accepté un duel; Blaise Renaud, pour avoir baillé un soufflet à son Curé; & le troisiéme Estienne Alquier: car on n'en sçait point d'autres que ces trois là, qui sont produits en particulier en d'autres articles.

On a dit douze habitans de S. Arnac, & maintenant on en nomme deux; il faut qu'ils soyent compris dans ces douze, car il n'y a pas tant de chefs de famille audit lieu. Que s'ils ont fait penitence publique, ce n'a esté que pour des sujets graves.

Se plaignent trois habitans de Lesquerde qu'ils ont esté refusez aux Sacremens, & interdits de l'entrée de l'Eglise pédant long-temps, & ensuite obligez à faire penitence publique par trois Dimanches à la porte de l'Eglise, une torche allumée à la main, pour des Sujets frivoles. Faut voir l'acte du 14. Aoust 1663.

Gaspard Salva & Bernard Astouric de S. Arnac, se plaignent qu'ils ont esté interdits de l'Eglise & de son entrée pendant long temps, & obligez à faire penitence publique pour y estre restablis, pour avoir dansé un jour de feste aprés Vespres sans violons, laquelle danse ils quitterent au premier commandement du Curé. Du 14. Aoust 1663.

Ces trois habitans sont ceux de l'article cy-dessus, qu'on fait revenir icy pour la troisiéme fois.

Ce dernier, qui pour couvrir sa faute avoit accusé son Curé de luy avoir donné le soufflet & l'avoit mis en justice, a reconnu la fausseté de cette accusation, a avoüé que c'estoit luy qui avoit donné un soufflet à son Curé, en a fait penitence, & a esté absous.

Trois habitans de Lesquerde se plaignent qu'ils ont esté interdits de l'entrée de l'Eglise & refusez aux Sacremens pendant long temps, & pour y estre receus furent obligez à faire penitence publique à la porte de l'Eglise une torche allumée à la main; l'un pour ne s'estre voulu desister d'un procez qu'il avoit au Seneschal, ce qu'il a fait du depuis; l'autre pour avoir joüé durant les Vespres; & le dernier pour avoir fait informer contre son Curé qui luy avoit donné un soufflet, se plaignant à luy que ledit Curé faisoit tirer des terres d'un champ appartenant audit complaignant, qui luy portoit grand dommage. Du 3. Aoust 1663.

C'est une fille qui menoit une vie scandaleuse, & qui ensuitte devint grosse; & comme son peché avoit du-

Ieanne Rouzaude du Vivier se plaint qu'ayant esté renduë enceinte par un jeune homme sous promesse de mariage , le Curé dudit lieu ne l'a voulut jamais recevoir à confesse la quinzaine de Pasques , ny même la veille de ses couches , & que du depuis ayant esté attaquée d'une pleuresie , le Curé l'entendit à confesse ce publique , si elle revenoit en santé, feroit la visite dans ladite parroisse, jamais donner la sainte Eucharistie.

ré & beaucoup scandalizé la parroisse, il crût devoir garder cette conduite à son égard, & en cela il ne fit que suivre ce qui est prescrit non seulement par les anciens Canons, mais aussy par le Concile de Trente.

avec promesse de faire penitence lors que Monsieur l'Evesque sans pourtant qu'on luy voulut Du 12. Septembre 1663.

Plusieurs habitans de Rabouillet, de tout sexe, se plaignent que pour avoir dansé sans instrumens un jour de feste après Vespres, ils furent refusez à gagner le Iubilé qu'ils n'eussent fait plûtost penitence publique à la porte de l'Eglise, & demandé pardon du

Comme leur déreglement avoit scandalisé la parroisse, celuy qui de la part de M. d'Alet alla pour disposer ces peuples à gagner le Iubilé, les porta à en témoigner publiquement leur regret, & les receut aux Sacremens. Certificat du Curé, cotté BB.

scandale. Du 13. Septembre 1663.

Plusieurs habitans de Montfort se plaignent qu'ils auroient esté citez devant M. l'Evesque d'Alet par leur Curé , où ils seroient allés avec grands frais , parce qu'ils avoient porté leurs grains à moudre un jour de feste , à cause de la secheresse & de la necessité qu'ils avoient d'avoir du pain, neanmoins M. l'Evesque ne voulut considerer leurs raisons, leur ordonna une amende pecuniere & une penitence publique.

Il y a fort long temps du fait de cette plainte, qui est que l'Archiprestre de Fenoilledes demeurant alors dans cette parroisse, & le Meusnier l'ayant prié de prendre la clef du moulin les jours de feste, pour se dispenser plus aisément de recevoir ceux qui vouloient moudre en ces jours, quelques mutins allerent enfoncer la porte du moulin, & firent moudre sans necessité un jour de feste toute l'apresdinée; ledit sieur Archiprestre les cita devant M. d'Alet, qui leur imposa une penitence , mais non une amende pecuniaire , qui est une circonstance ajoûtée là comme ailleurs.

Declarent six habitans de Lavagnac, que de quatre cens communians que leur parroisse est composée , il n'y en a pas cent qui n'ayent esté interdits de l'entrée de l'Eglise & privez des Sacremens en divers temps , & que plusieurs habitans dudit lieu, de tout sexe, ont esté obligez de faire penitence publique la torche à la main devant la porte de l'E-

On a desja produit plus d'habitans de Lavagnac qu'il n'y en a, estant un petit Hameau où il n'y a ny Eglise ny Chapelle, & on leur fait dire une chose fausse. Le certificat du Curé de Puylaurens, de la parroisse duquel ils sont, fait voir la fausseté de cette plainte, & atteste que depuis vingt-cinq ans qu'il est Curé, il n'y a eü que quatre personnes interdites dans sa parroisse, & toutes pour des sujets graves.

glise pendant trois jours, pour avoir dansé, ou d'autres choses fri-voles. Du 15. Septembre 1663.

C'est une personne qui sert à la débauche, & sa maison est le receptacle de tous les libertins & libertines du lieu.

Catherine Sale de Rennes se plaint qu'elle auroit esté citée par le Curé dudit lieu devant M. l'Evesque, pour avoir vendu un peu de viande un jour de feste pour gagner sa vie ; & quoy qu'elle eust fait la penitence publique que Monsieur l'Evesque luy ordonna, neanmoins elle n'a jamais pû estre receuë aux Sacremens, & qu'elle est encore en ce piteux estat. Du 16. Septembre 1663.

Cette plainte n'est pas veritable, il a tousjours esté receu aux Sacremens.

Guillaume Raynaud de Rennes, demeurant pour Cuisinier au Chasteau de Rennes, se plaint qu'il auroit esté interdit des Sacremens pour avoir dansé un jour aprés Vespres, & fait penitence publique. Du 16. Septembre 1663.

Il faut que le cas soit plus grief qu'il n'est rapporté, puis qu'on a pourfuivi cet homme en la justice seculiere, & qu'il se soûmit. On n'a pû éclaircir ce cas, & on ne sçait s'il est de Rennes.

Guillaume Vassy de Rennes se plaint que parce qu'il avoit dansé un jour de feste ne sçachant pas les ordres du Diocese à cause du sejour qu'il avoit fait à Paris pendant quatre ans, il fut cité devant l'Official d'Alet par le Curé, qui le condamna à quarante sols d'amende pecuniaire & à faire penitence publique, ce que refusant de faire, ledit Curé le priva des Sacremens, & le pourfuivoit en justice ; ce qui obligea le plaignant d'executer le tout, & donner quatre livres pour les frais. Du 16. Septembre 1663.

C'est un fripon achevé, & qui meriteroit pour ses débauches d'estre chassé de l'Eglise.

Bernard Bourdigou, compagnon Tailleur, se plaint qu'il a esté interdit de l'entrée de l'Eglise pour n'avoir fait son devoir paschal dans la parroisse, ce qu'il n'avoit pû faire, parce qu'il travailloit de son mestier ailleurs, & pour estre receu à l'Eglise auroit esté obligé de faire penitence publique, & neanmoins n'a pû estre receu aux Sacremens, sous pretexte qu'il mange au cabaret, n'ayant point de domicile. Du 16. Septembre 1663.

Ce fut eux qui prierent de les recevoir à penitence & à misericorde, & de cesser les pourfuites que l'on faisoit contr'eux à cause des impietez par eux commises, & des insultes faites à une Damoiselle Regente envoyée par M. d'Alet pour tenir l'Escolle dans le

Les Sieurs des Fosses & de Courbous de Sournia, freres, se plaignent que quoy qu'ils soient fils du Seigneur dudit lieu, neanmoins M. le Doyen d'Alet vint de la part de M. l'Evesque, &

leur fit faire penitence publique un jour de feſte, leur commandant de ſe mettre à genoux les mains jointes, demander tout

lieu de Sournia. Le certificat du Curé dudit lieu, cotté C, éclaircit ce fait, & en dit les particularitez.

haut pardon à Dieu, au peuple, au Curé, & à la Regente, pour avoir danſé une nuit au flambeau ſous les feneſtres dudit Curé, & de la Regente, quoy qu'il ne fuſt pas feſte.

Du 22. Septembre 1663.

Guilhen Arnaud de Nebias ſe plaint que luy eſtant Marguiller de la parroiſſe, Monſieur l'Eveſque ayant ordonné de vendre de gros cierges de cire, pour l'argent en provenant eſtre employé à la conſtruction d'un clocher, ce qu'il auroit fait, & parce qu'il n'avoit pû tirer l'argent des achetteurs dans le delay que M. l'Eveſque luy avoit donné, il l'auroit condamné à faire penitence publique au devant de l'Egliſe la torche allumée à la main.

La plainte de cet article & du ſuivant eſt un fait arrivé il y a plus de 22. ans. Ces gens voulans baſtir un nouveau clocher ſans l'ordre de M. d'Alet, allerent de force enlever de gros cierges de l'Egliſe, qu'ils vendirent, pour l'argent en provenant l'employer à cette entrepriſe, & par la même voye, ils s'emparerent de l'argent de l'Oeuvre ; M. d'Alet pour reprimer cet outrage fait à l'Egliſe, d'y eſtre entré de force, & d'en avoir enlevé l'argent & les cierges, leur ordonna ſous peine d'excommunication de reſtituer le tout dans un certain delay. Quelques uns ſe reconnurent, d'autres laiſſerent paſſer ce delay, & ſe pourveurent au Parlement, où ils ne pourſuivirent pas, & ſe reconnurent enfin, firent penitence, & furent abſous. Le tout ſe juſtifie par une deliberation de la Communauté de Nebias priſe ſur cette affaire dés ce temps là, cy remiſe & cottée E E. Cette deliberation fait voir combien cette plainte eſt fauſſe & calomnieuſe.

Du 18. Octobre 1663.

Idem. Pierre Mazard de Nebias ſe plaint qu'eſtant Conſul dudit lieu, il fut declaré excommunié avec les Marguilliers, pour avoir vendu les cierges de ladite Egliſe pour la conſtruction d'un clocher ; & quoy que par Arreſt du Parlement l'excommunication euſt eſté declarée abuſive, il ne puſt jamais eſtre receu aux Sacremens, qu'il n'euſt fait penitence publique au devant de l'Egliſe, la torche allumée à la main. Du 18. Octobre 1663.

CONFESSIONS FAITES
AVX REGVLIERS.
Quatriéme Plainte.

RÉPONSE.

Que Monſieur l'Eveſque d'Alet fait paſſer pour nulles & abuſives les confeſſions faites hors du Dioceſe à des Reguliers, quoy qu'approuvez, hors du temps de

Monſieur d'Alet dans ſes premieres réponſes a éclaircy cette plainte, & on peut voir par les conſultations d'un grand nombre de Docteurs de Sorbonne, imprimées & remiſes au procez, que la conduite de M. d'Alet ſur

ce point, auſſy bien que ſur tout le re-
ſte, eſt entierement conforme aux regles de l'Egliſe.

Il faut pardonner à l'ignorance de
ces Gentilshommes, qui remettent en
doute ce qui eſt indubitable. Il ne faut
que voir les conſultations des Docteurs ſur cette matiere.

des Preſtres reguliers & approuvez de leurs Eveſques, pourveu que
d'ailleurs ils ne manquent de ſatisfaire à leur devoir paſchal.

Il eſt important de remarquer, que
M. d'Alet ayant eſtably les Conferen-
ces depuis 25. ans, qui ſe tiennent tous
les mois, où M. d'Alet donne par écrit
tout ce qui s'y traitte pour la conduitte de ſon Dioceſe, pour la reſolution
des cas de conſcience, & pour l'inſtruction de ſon Clergé & de ſon peuple,
on n'a trouvé rien à reprendre que
dans celle-cy, laquelle ſe trouve entierement conforme à ces Conſultations.

Il eſt faux qu'il y ait aucunes indulgences à Vira, & il eſt dans l'ordre
commun qu'un Curé ne confeſſe que
ceux de ſa parroiſſe. Voyez le certificat du Curé de ce temps-là, cotté
comme cy-deſſus D D.

concours de peuple à cauſe de la relique de la vraye Croix qui eſt
dans cette Egliſe, & des Indulgences concedées par noſtre Saint
Pere le Pape, de confeſſer autres perſonnes que les parroiſſiens.
Du 29. Aouſt 1660.

On ne ſçait pas en quelle qualité
ce Religieux peut avoir dreſſé un procez verbal contre un Eveſque, mais il
eſt faux que M. d'Alet luy ait jamais
rien preſenté a ſigner. Il eſt vray que
ce Prelat ayant receu diverſes plaintes
de ſa conduitte, & de la maniere de
charlatan dont il uſoit pour tirer des
aumoſnes dans ſes queſtes, M. d'A-
let le luy dit avec beaucoup de dou-
ceur & de charité. Il eſt vray auſſy
qu'il ſoûtint que ſes Religieux de Calabre au Dioceſe de Mirepoix pouvoient confeſſer les dioceſains. Son

la confeſſion paſchale, obligeant
à refaire à Paſques les confeſſions
faites hors du Dioceſe, autrement fait refuſer l'abſolution.

Sur cet article eſt queſtion de
ſçavoir, ſi M. l'Eveſque d'Alet
a droit d'empeſcher que pendant
le cours de l'année ſes dioceſains
ſe confeſſent hors du Dioceſe à
de leurs Eveſques, pourveu que

PREUVES.

Toute la matiere de la Confe-
rence du mois d'Avril 1664 donnée par M. l'Eveſque aux Curez
de ſon Dioceſe, n'eſt que ſur l'in-
validité des confeſſions faites
hors le temps paſchal, à d'autres
Preſtres qu'à ſon propre Curé.

Lettre du Sieur Peliſſier, Vicaire general de M. l'Eveſque d'A-
let, au Curé de Vira, par laquelle
il luy deffend de confeſſer le jour
de ſainte Croix dans ſa parroiſſe,
qui eſt un jour où il y a grand

Par le verbal fait par le Pere
Blaiſe de la Verdolle, Gardien
au Convent des Capucins de Calabre, fait ſur les plaintes que
M. l'Eveſque d'Alet luy avoit faites de la mauvaiſe conduite de
ſes Religieux, il appert ſur le quatriéme article de plaintes que
M. l'Eveſque ſe plaint de ce que
ces Religieux du Convent de
Calabre, Dioceſe de Mirepoix,
confeſſent les dioceſains d'Alet

qui vont à eux hors du temps paschal : & ledit Pere Gardien pretendu procez verbal fait voir son peu de capacité.

declare par son acte, que M. l'Evesque le voulut obliger à signer que les confessions des diocesains d'Alet faites à des reguliers d'un autre Diocese hors du temps paschal estoient nulles & abusives, ce que ledit Pere refusa de faire. Du 17. Octobre 1660.

Il importe de lire tout du long l'Ordonnance de M. d'Alet sur le Iubilé concedé par Nostre Saint Pere le Pape, l'an 1661.

Cette Ordonnance a esté tirée de celles que S. Charles fit en son Diocese en pareille occasion.

Dans le sixiéme article de l'Ordonnance de visite de M. l'Evesque d'Alet faite en la parroisse de Cornanel, il deffend au Curé sur peine de suspense *ipso facto*, de s'aller confesser hors du Diocese, quoy que ledit Curé ne soit qu'à

Cette deffense est conforme au droit, & c'est une ignorance à ces Gentils-hommes de s'en plaindre, outre qu'il est ridicule que des laïques entreprennent de censurer la conduite d'un Evesque envers ses Curez, qui ne les regarde pas.

une portée de mousquet du Diocese de Narbonne.

Du 23. Aoust 1661.

M. l'Evesque d'Alet deffend à tous les Ecclesiastiques de sa Cathedralle d'aller à confesse (à peine de suspense *ipso facto*) à d'autres Prestres que ceux qu'il a nommez pour les confessions de la Cathedrale, qui sont quatre de ses domestiques.

Il y a vingt-huit Beneficiers en tout dans le Chapitre, & il y a dix Confesseurs approuvez pour eux, six dans la ville, & quatre Curez ou Vicaires du voisinage. On peut voir ce qui a esté dit sur ce fait dans les écritures imprimées sur l'affaire du Sieur de l'Estang Doyen.

Du 11. May 1663.

Michel Sarda de Rennes requiert au nom de la Dame de Rennes le Curé dudit lieu, de declarer s'il n'est veritable qu'il a deffendu à tous ses Parroissiens d'aller faire leurs confessions hors du temps de Pasques à Nostre-

M. d'Alet dans ses réponses a declaré ce qu'il enseignoit sur ce point dans son Diocese, & on n'y sçauroit trouver à redire.

Et il n'est pas vray que le Curé de Rennes ait refusé billet à ladite Dame.

Dame de Marseille, qui est une devotion dans le Diocese de Narbonne voisine dudit lieu, & leur a presché au Prosne que toutes ces confessions estoient nulles & abusives, & toutes celles qu'ils feroient cy-aprés s'ils ne refaisoient celle-là, & par le mesme acte requiert ledit Sieur Curé pour ladite Dame de Rennes de luy vouloir donner un billet pour s'aller confesser à un des quatre Curez du Diocese qu'elle luy a nommé, ne pouvant se confesser à luy à cause du procez qu'ils ont ensemble, ce qu'il a refusé.

Du 10. Ianvier 1663.

L'ayant faite en frande, & ayant esté differée par son Curé pour des causes justes & notoires, il n'y a rien qu'à loüer dans cette conduite.

Constance Trevesardes de Sournia se plaint que le Curé dudit lieu luy declara que la confession qu'elle avoit faite à Nostre-Dame de Donnoüe Diocese de Perpignan, estoit nulle & sacrilege. Du 13. Aoust 1663.

Il se peut faire qu'outre la fraude il y a souvent quelque necessité de refaire les confessions precedentes.

Ieanne Perdigaute de Sournia se plaint que le Curé dudit lieu luy fit refaire une côfession qu'elle avoit faite aux Peres Capucins de Vinssa Diocese de Perpignan. Du 13. Aoust 1663.

Il faut qu'il y ait quelqu'autre sujet, puis qu'il est certain que les confessions faites estant hors de son lieu de bonne foy, ne sont point rejettées.

Antoine Perdigaut de Sournia se plaint qu'il fut refusé à confesse au temps paschal, pour n'avoir voulu quitter des despens d'un procez criminel qu'il avoit contre un particulier; & ayant dit au Curé qu'il avoit esté à confesse à Tholose, où il estoit allé pour la poursuitte dudit procez, il luy dit que cette confession estoit nulle & abusive. Du 13. Aoust 1663.

Le Curé marque que depuis cette plainte, elle a esté receüe aux Sacremens, & on ne sçait point qu'elle ait esté interdite.

Catherine Gatsiere de Sournia se plaint que le Curé dudit lieu luy a deffendu d'aller à confesse à Nostre-Dame de Donnoüe Diocese de Perpignan, & ailleurs hors du Diocese, & pour cette raison l'a interdite pendant deux ans de l'entrée de l'Eglise.

Celle-cy aussy, & toutes ces personnes estoient refusées aux Sacremens, pour ne vouloir pas remedier à leur mauvais estat, & elles s'en alloient ailleurs, afin d'estre receües, sans changer de vie & sans se convertir.

Iacquette Soulere de Sournia se plaint qu'estant allée à confesse au temps de Pasques, le Curé dudit lieu luy auroit demandé si elle s'estoit côfessée ailleurs pendant l'année; & luy ayant répondu qu'elle avoit esté à confesse aux Peres Capucins de Vinssa Diocese de Perpignan, ledit Curé luy auroit répondu qu'elle avoit commis un sacrilege, & luy fit refaire sa confession; & aprés avoir oüy tous ses pechez, luy refusa l'absolution, sous pretexte qu'elle frequentoit le chasteau dudit lieu. Du 14. Aoust 1663.

Cette plainte est semblable aux precedentes.

Iacques Satger de Sournia se plaint, que s'estant presenté au temps du Iubilé au Curé dudit lieu, qui luy auroit demandé s'il avoit esté à confesse dans l'année ailleurs; & le plaignant ayant répondu qu'il avoit efté à confeffe à Mirepoix, ledit **Curé** luy auroit dit qu'il avoit commis un facrilege, & qu'il ne vouloit pas le confeffer.

Du 14. Aouft 1663.

Le Sieur de la Palme fe plaint que s'eftant prefenté à confeffe au Predicateur que M. l'Evefque d'Alet avoit envoyé au lieu de S. Paul, lequel luy ayant demandé s'il s'eftoit confeffé ailleurs pendant l'année ; & le plaignant ayant répondu qu'il s'eftoit confeffé à Paris les Feftes de Noël où il avoit fait voyage, le Confeffeur le voulut obliger à refaire fa confeffion ; ce que n'ayant voulu faire, il fut rejetté du confeffionnal, & enfuitte interdit de l'entrée de l'Eglife pour n'avoir pas fait fon devoir pafchal.

Monfieur d'Alet a répondu à cet article dans les réponfes faites aux premieres plaintes, où il dit la caufe de l'interdit dudit Sieur de la Palme, & comme s'eftant reconnu, & ayant fait penitence, il en a efté abfous.

Du 13. Septembre 1663.

Marc Calue, André Sale, & Raymond Truillet de Raboüillet declarent avoir fouvent oüy dire aux Profnes & aux doctrines dudit Curé qu'il deffendoit à fes Parroiffiens d'aller à confeffe ailleurs qu'à luy feul, tant dedans que dehors le Diocefe, tant reguliers qu'autres Preftres approuvez de leur Evefque au temps pafchal, pour quel motif que ce foit.

Le certificat & declaration du Curé fait voir qu'il n'a rien dit que felon les réponfes de Monfieur d'Alet fur ce point, & fuivant la doctrine de l'Eglife.

Du 13. Septembre 1663.

Idem. Cinq Habitans de Lavagnac declarent qu'ils ont oüy fouvent dire au Sieur de Marcis leur Curé, faifant le Profne & les doctrines, que toutes les confeffions faites hors du Diocefe à des reguliers, quoy qu'hors du temps pafchal, font invalides, abufives, & facrileges, & comme telles deffenduës par M. l'Evefque d'Alet, & qu'il eft neceffaire de les refaire à leur propre Curé.

Du 15. Septembre 1663.

Le Sieur de Courbous de Sournia fe plaint qu'eftant allé à confeffe au Curé dudit lieu, ledit Curé luy auroit demandé s'il s'eftoit confeffé ailleurs, le plaignant ayant répondu qu'il s'eftoit confeffé à Narbonne à un Religieux approuvé de fon Evefque, ledit Curé luy auroit répondu qu'il falloit refaire fa confeffion, & le plaignant ayant répondu qu'il ne s'en fouvenoit plus, ledit Curé luy dit que c'eftoit pour éluder de luy confeffer un peché tres-grief qu'il fçavoit que le plaignant avoit commis, & le plaignant

Toutes ces plaintes touchant l'obligation de refaire les confeffions, font de perfonnes peu reglées, & d'une vie fcandaleufe pour la plufpart, & ainfy elles ne peuvent faire de foy. On a dit cy-deffus la vie defordonnée dudit Sieur de Courbous. C'eft une regle generale qu'on ne fait point refaire de confeffions, fi elles n'ont efté faites en fraude.

gnant perſiſtant dans ſa reſolution de ne refaire pas ſa confeſſion, il fut rejetté du confeſſionnal. Du 22. Septembre 1663.

Cette plainte ne merite pas de réponſe, eſtant ridicule.

Ean Pierre Matthieu Baille de Foſſe, declare que s'eſtant preſenté à confeſſe au Curé dudit lieu, ledit Curé luy auroit demandé s'il avoit eſté à confeſſe ailleurs, & le declarant ayant répondu qu'il s'eſtoit confeſſé le jour de la Noſtre-Dame au Curé de Sournia, qui eſt un des favoris de M. l'Eveſque, ledit Curé de Foſſe luy répondit que s'il s'eſtoit confeſſé à quelqu'autre, il l'auroit rejetté du confeſſionnal, mais que pour celuy-là, il eſtoit homme capable & de la qualité requiſe. Du 22. Septembre 1663.

MANIFESTATION DE CAS.

Cinquiéme Plainte.

Que ledit Sieur Eveſque d'Alet fait manifeſter par ſes Preſtres les cas les plus ſecrets dans les proſnes, & les offices publics; & même on a veu M. l'Eveſque chaſſer luy même honteuſement des femmes mariées des parroiſſes, ſous pretexte de mauvaiſe vie, nonobſtant les plaintes des maris faites à Monſieur l'Eveſque de la diffamation qu'il cauſoit à leur famille.

RE'PONSE.

Cette plainte eſt une inſigne calomnie qui merite punition, toutes les preuves qu'on en apporte n'eſtant que des impertinences, ou des fauſſetez.

Comme le Sieur Faur a eſté le premier qui a repris le feu Sieur de Sournia des injuſtices qu'il commettoit, ce Gentilhomme conceut une ſi grande haine contre luy, qu'il ne le pouvoit ſouffrir, & ſon chagrin vint juſques à cet excez, qu'un jour de Dimanche ledit Sieur Faur faiſant l'inſtruction au peuple, le Sieur de Sournia l'interrompit, & le traitta injurieuſement, s'élevant contre ce qu'il enſeignoit, dequoy ledit Sieur du Faur fit ſa plainte à Monſieur d'Alet. Dans la ſuitte du temps, Monſieur d'Alet voyant l'oppoſition que Monſieur de Sournia faiſoit en tout audit Sieur du Faur, qui eſtoit un homme vertueux, ſçavant & zelé : pour le bien de paix il le retira de Sournia.

PREUVES.

Requeſte preſentée à M. l'Eveſque d'Alet par le Procureur juriſdictionnel du lieu de Sournia, pour luy demander juſtice des calomnies que le nommé du Faur, Vicaire dudit lieu, publioit au proſne contre le Seigneur dudit lieu, & autres perſonnes, & par la réponſe miſe au pied de la Requeſte dudit Sieur Eveſque, il appert qu'il ne fit pas grand conte de cette plainte.

Du 30. Septembre 1652.

Pierre Antoine Solere, Conſul de Sournia, a preſenté Requeſte à M. l'Eveſque d'Alet contre le nommé Faur Vicaire dudit lieu, contenant que ledit Faur dans les Sermons qu'il fait tous les Dimanches blasme ouvertement le Suppliant, luy impose des calomnies atroces, tient des discours scandaleux contre l'honneur du Suppliant, tendans à soûlever le peuple contre luy ; & par la réponse dudit Sieur Evesque mise au pied de la Requeste, il appert que ledit Sieur Evesque ne fit pas grand cas de cette plainte.

Du 30. Avril 1652.

Lettre écrite par le Sieur de Sournia à un de ses amis, où il luy envoye un memoire de la mauvaise doctrine que presche le nommé Faur Vicaire dudit lieu, & entr'autres, qu'il n'est pas au pouvoir de Dieu de faire un plus grand miracle que de faire, ou

Il paroist par un acte fait par plusieurs habitans de Sournia sur le sujet dudit Sieur du Faur, & du feu Sieur de Senezergues depuis Vicaire de Sournia, que ce qu'on impose dans ces plaintes à ces deux Ecclesiastiques d'une pieté exemplaire, est faux & calomnieux. Cet acte est cotté F F.

permettre que la terre supporté un pecheur sans l'engloutir, ainsy qu'elle fit Coré, Dathan, & Abyron, qui estoient trois pendarts, trois mauvais garnimens, bref trois Gentilshommes : & cela en presence du Seigneur dudit lieu.

Du 30. Iuillet 1651.

Requeste presentée au Parlement de Tholose par le nommé Iean Berger du lieu de Sournia, prenant le fait & cause pour sa femme que le Sr Senezerques Vicaire dudit lieu avoit scandalisé un jour de Dimanche en disant la Messe, où il se tourna vers le peuple, & dit aux Consuls dudit lieu qu'il ne pouvoit point achever la Messe s'ils ne tiroient dehors l'Eglise la femme dudit Berger, qui estoit une adultere,

Cette femme estant interdite de l'entrée de l'Eglise, à cause de ses débauches qui estoient publiques & notoires à tout le lieu, vint un Dimanche pour entendre la Messe ; le Sieur de Senezergues ayant esté adverty à l'autel que cette femme estoit dans l'Eglise, il se tourna pour la faire sortir comme estant interdite, & il ne dit rien que ce qui estoit necessaire simplement pour cela, ce qui est conforme aux regles de l'Eglise. Le certificat cotté cy-dessus F F éclaircit encore ce fait.

qui avoit couché avec deux hommes qu'il nomma, en l'absence de son mary, lequel Berger obtint Commission pour en faire informer sur sa Requeste.

Le 30. Novembre 1659.

Declaration de Iean Andrieu, & de Iean Planque du lieu de S. Paul par laquelle il conste que M. l'Evesque d'Alet a de son authorité privée banny dudit lieu de saint Paul six femmes ou filles originaires, & habitantes dudit lieu, les unes mariées, & les au-

Ces deux témoins, sur la déposition desquels on accuse un Evesque, sont aussy perdus, que les femmes que l'on dit que M. d'Alet a chassé de son autorité, & il est faux qu'il en ait usé en la maniere dont on l'accuse. Il est vray qu'au commencement de son arrivée dans son Evesché, ayant trouvé des femmes publiques dans S. Paul dont il eſt Seigneur, il les en fit ſortir, en gardant les formalitez que feu M. de Marmieſſe fameux Advocat de Toulouze, marqua.

tres ayans pere ou mere, ſous pretexte qu'elles menoient une vie ſcandaleuſe, ſans que la priere de leurs maris, ny de leurs peres, fai-

te envers M. l'Eveſque peuſt obtenir de luy de ne diffamer pas leurs familles par ce banniſſement fait ſans ordre de Iuſtice.

Du 8. Aouſt 1663.

Le Curé ſoûtient que cette accuſation eſt fauſſe. Si elle avoit eſté vraye, & qu'on en euſt porté plainte à M. d'Alet, ou à la Iuſtice eccleſiaſtique, on en auroit fait un exemple.

Declaration de trois Habitans de Rennes, par laquelle il conſte que le Curé dudit lieu avoit diffamé au Proſne trois femmes qu'il diſoit avoir feſtiné enſemble, l'une deſquelles s'eſtoit enyvrée. Du 22. Iuillet 1663.

Cette plainte eſt frivolle. Il eſt vray pourtant que ce Boüiſſou eſt tenu publiquement pour un voleur, ainſy qu'il paroiſt par la declaration du Curé, cottée M.

Boüiſſou du lieu de Foſſe ſe plaint que le nommé Marcis Curé du Puy-Laurens, l'auroit arreſté un jour en pleine ruë le me-

naçant de luy oſter le pourpoint pour ſe payer des gerbes qu'il diſoit fauſſement que ledit Boüiſſou luy avoit volées, avec ſcandale de ceux qui eſtoient preſens. Du 13. Septembre 1663.

Cette plainte eſt fauſſe & calomnieuſe, ainſy qu'il paroiſt par la declaration du Curé, cotté Y, qui fait voir que ce Vincent Hullet voulant enterrer ſa mere ſans Preſtres dés qu'elle fut morte, à cauſe qu'elle ne luy avoit rien laiſſé de ſes biens, il l'en empeſcha, mais ſans aucune violence.

Vincent Hullet de Lavagnac ſe plaint que le Sr Marcis Curé dudit lieu, un jour qu'on enterroit ſa mere en preſence de tous les aſſiſtans, ſe jetta trois ou quatre fois ſur le plaignant, & le battit à coups de pied, & l'auroit encore plus mal traitté, ſans que les

aſſiſtans le luy oſterent pour des raiſons tres frivoles qu'on peut voir dans l'Acte du 14. Septembre 1663.

Ce fait eſt contre la verité. Ce qui a donné occaſion à cette plainte eſt naïvement rapporté par le Curé dans ſa declaration, en quoy il n'y a rien de tel à ce dont on l'accuſe. Elle eſt ſous la cotte Y.

Pluſieurs Habitans de Puy-Laurens, declarent que le Curé dudit lieu ayant commandé un Dimanche en faiſant le Proſne à quelques particuliers Habitans qui eſtoient dans une tribune de

ſe tenir debout, ce qu'ils ne firent pas d'abord pour ne l'avoir entendu, prit le manche de la croix, & tout reveſtu de ſes habits alloit mal-traitter ces particuliers, ſans qu'il en fut empeſché par le nommé Guillaume Salva qui le retint. Du 15. Septembre 1663.

Tout ce recit eſt faux. Il eſt con-

Ieanne Satgere de Sournia, ſe

plaint qu'eſtant allée à confeſſe au Curé dudit lieu elle auroit eſté refuſée, par ce (diſoit-il) qu'elle frequentoit le cadet du Chaſteau dudit lieu, & que M^r le Chevalier la baiſoit l'année paſſée dans un champ où elle glanoit, & luy dit qu'il ſçavoit par bons teſmoins que le Chevalier l'avoit connuë charnellement ; Et ſe plaint encore qu'eſtant tombée malade en danger de mort, & ayant fait prier ledit Curé de la venir confeſſer, il luy refuſa abſolument la

ſtant au contraire que c'eſt le mary qui s'eſt plaint au Curé, & encore à Monſieur d'Alet de cette frequentation dudit Cadet fils de Monſieur de Sournia dit le Chevalier, avec ſa femme, laquelle en mourant a deſavoüé cette plainte comme contraire à la verité, & a declaré qu'elle eſtoit fort obligée à ſon Curé de ſes charitables remontrances ; que s'il luy avoit refuſé les Sacremens, ç'avoit eſté avec raiſon, & qu'elle eſtoit fort faſchée de ce qu'elle avoit dit contre luy. L'Acte contenant cette declaration eſt du 10. Ianvier dernier, cotté G G.

confeſſion, ſi par un prealable elle n'avoüoit que ledit Chevalier l'avoit connuë charnellement, & luy dit qu'elle ne recevroit autres Sacremens que l'Extreme-Onction ; Et ledit Curé ayant tenu le même diſcours à ſon mary, qui depuis la menaça pluſieurs fois de la tuer ; & un jour entr'autres ledit mary luy voulut donner un coup de couſteau qu'elle évita en le prenant par les mains, dont elle en eut les doigts coupez, ſon mary luy ſoûtenant qu'il avoit appris par le Curé dudit lieu que le Sr Chevalier la frequentoit fort, & en avoit toutes les privautez qu'il vouloit, ce qui a cauſé la ſeparation du mary & de la femme.

Du 14. Aouſt 1663.

Deniſe Anne Garriguette de Sournia, ſe plaint que le Curé dudit lieu ne l'a jamais voulu recevoir à confeſſe, & la tient dans ce pitoyable eſtat, ſous pretexte qu'elle ne veut pas advoüer qu'elle a eſté connuë charnellement par un des cadets du Chaſteau de Sournia. Du 13. Aouſt 1663.

Elle s'eſt reconnuë depuis cette plainte ſi injuſte, à laquelle le Curé ne peut répondre, quoy qu'il ſoit vray que cette Deniſe Anne Garriguette eſtoit un ſujet de ſcandale à toute ſa parroiſſe.

Annette Martine femme mariée de Montfort, depoſe devant un Magiſtrat Royal, Commiſſaire à ce deputé par le Parlement de Tholoſe, qu'eſtant allée à confeſſe pour gagner le Iubilé, & pour demander qu'on luy oſtaſt l'interdit de l'entrée de l'Egliſe qu'on luy faiſoit garder depuis long-temps à un des Confeſſeurs nommez pour gagner le Iubilé

Quelles gens produit-on pour accuſer un Eveſque & les Preſtres de tout un Dioceſe ? Voila la deux ou troiſiéme fois que celle-cy revient ſe plaindre ; c'eſt cette miſerable femme appellée la Minoye, qui s'eſt abandonnée au Sieur de Raſiguieres excommunié, & qui luy ſert pour perdre les autres : ce qui eſt public, & qui ſeroit atteſté de tous les habitans non ſeulement de Montfort, s'ils oſoient le declarer contre le Seigneur de leur

Village, qui les menace de les faire pendre, ou roiler de coups ; mais encore par ceux des parroisses voisines.

mais qu'on luy feroit gagner le Iubilé, si elle vouloit avoüer qu'elle avoit malversé avec le Sr de Rasiguieres Seigneur dudit lieu ; La mesme chose luy avoit esté dite par la Regente dudit lieu, & la deposante persistant tousjours dans la negative, on la rejetta de la confession. Du 6. Février 1662.

RÉPONSE.

Cette plainte est tres fausse & tres calomnieuse, aussy bien que les precedentes.

soient pas pecheurs publics, & qu'il y a dans ce nombre des Ecclesiastiques & Laïques, & autres personnes de toute qualité & different sexe.

Il est faux que ledit Arcen ait esté rejetté de la Sainte Table, & on soûtient positivement que c'est une calomnie. Il a esté suspendu de l'exercice des fonctions des Ordres sacrez, parce qu'il ne sçait pas lire.

pour se confesser, ce que ledit Vicaire luy auroit refusé, luy disant qu'il ne pouvoit pas l'entendre en confession, attendu qu'il plaidoit avec M. l'Evesque, & qu'il ne vouloit pas se soûmettre à ses volontez, ce qui l'auroit obligé à se retirer ailleurs, & estant venu le matin de Pasques revestu de son surplis, l'estole au col pour recevoir la sainte Communion, il se feroit mis à la teste des communians, & le Vicaire le passa & ne luy voulut donner la sainte Communion, avec grand scandale. Du 16. Avril 1662.

Si ce Gilabert est Clerc tonsuré & Ecclesiastique comme on le qualifie, ne doit-il pas se presenter à la communion en habit decent & convenable à sa profession suivant les regles de l'Eglise ? & n'estant pas en cet estat, n'at-on pas eü raison de luy faire dire qu'il ne pouvoit recevoir la communion avec des habits mondains & de

dans le Diocese, il luy fut dit par ledit Confesseur, que non seulement on luy osteroit l'interdit,

REIETTEZ
DE LA SAINTE TABLE
AVEC SCANDALE.

Sixiéme Plainte.

Qu'on rejette de la Sainte Table avec scandale ceux qui s'y sont presentés, quoy qu'ils ne

PREUVES.

Iacques Arcen Prestre se plaint que parce qu'il est interdit de dire la messe par M. l'Evesque sous de faux pretextes, il se feroit neanmoins presenté dans la quinzaine de Pasques à son Vicaire

Gilabert Clerc tonsuré se plaint qu'il a esté rejetté de la sainte Table scandaleusement par trois fois par le Curé de Rennes, où il fait sa residence, sous pretexte qu'estant un jour à Vespres & se tenant debout & découvert pendant qu'on chantoit l'Hymne, le

Curé luy commanda de se met-
tre à genoux, & ne voulant obeïr soldat? car c'en est la veritable raison, & non celle qu'il allegue faussement.

à cet ordre, il ne pût estre receu à confesse par ledit Curé qu'il
n'eust prealablement fait penitence publique, ce qui l'obligea à se
confesser ailleurs ; & quoy que devant que d'aller à la sainte Table, il
eust demandé à haute voix pardon au peuple du scandale qu'on pretendoit qu'il leur avoit donné en ne se mettant pas à genoux selon
les ordres du Curé, il fut pourtant rejetté de la sainte Table comme
dit est. Du 24. Aoust 1663.

Le Sieur de Villa de Come-
sourde a esté rejetté de la sainte
Table, comme appert par les
actes faits au Parlement de Thoulouze du

On soûtient que cette plainte est
une calomnie, & qu'on n'en peut ap-
porter de preuves.

Doutre de Puy-Laurens rejetté de la sainte Table par deux
fois, pour ne vouloir déposer
contre le Sieur de Rasiguieres,

Celle-cy est de même qualité, aussy
bien que les deux suivantes, & il est
estonnant que des Gentils-hommes
osent avancer de telles faussetez.

ainsy qu'appert de l'information faite contre le Curé dudit lieu. Du

Idem. La Piece de Puy Laurens rejetté de la sainte Table avec
grand scandale pour les mêmes raisons que cette derniere, avec cette particularité, que le Curé luy presentant la sainte Communion,
luy dit ces propres termes, *N'es pas per tu aquest boussy pendart ;*
Ce morceau n'est pas pour toy pendart ; ainsy qu'appert de la pro-
cedure faite contre ledit Sieur Curé à la requeste dudit Sieur de Rasiguieres.

Idem. Guillaume Fayet du Caunil declare que le nommé Pierre
Galaup fut rejetté de la sainte Table par le Curé dudit lieu en ces
propres termes ; *Que ce vieux resveur de Pierre Galaup sorte de là.*
Du 15. Septembre 1663.

EXCOMMVNICATIONS
LEGERES ET SANS
CAVSE.

Septiéme Plainte.   RE'PONSE.

Que M. l'Evesque d'Alet ex-
communie ses diocesains pour
des sujets frivoles, & sans qu'il y
ait aucune condemnation de justice precedente.

L'exemple de ceux qu'il a excommunié, rapporté dans la premiere partie du Factum page 18. fait voir au
contraire que M. l'Evesque d'Alet ne
l'a jamais fait que pour de tres graves
sujets, & suivant les regles & l'esprit
de l'Eglise.

Il est question de sçavoir si

Voila une plaisante question, com-

me fi ce n'eftoit pas une herefie mani-
fefte de pretendre qu'un Evefque ne
puiffe excommunier fes diocefaius,
fans qu'au prealable ils ayent efté condamnez par juftice ? Eft ce que l'in-
ceftueux de Corinthe, que S. Paul ex-
communia, avoit efté au prealable
condamné par juftice?

Il ne faut que voir ce qu'on en a dit
dans la premiere partie du Factum,
§ 2. & 3. du troifiéme éclairciffement.

Monfieur l'Evefque d'Alet pre-
tend pouvoir excommunier fes
diocefains, fans qu'au prealable
ils ayent efté condamnez par juftice ?

PREUVES.

Monfieur de Rafiguieres fe
plaint qu'il a efté declaré excommunié par M. l'Evefque d'Alet

contre les formes de Iuftice, par attentat aux inhibitions faites du
Parlement, fur des dépofitions forcées, par prieres,menaces & refus
des Sacremens, ainfy qu'appert par les actes, cy

Le procez verbal de M. d'Alet juftifie de la violence avec laquelle on a
fait les informations.

Information faite à la requefte
dudit Sieur d'autorité du Parlement de Thoulouze,du 10.Octo-
bre 1661.

Idem. Autre information fur la fubornation des témoins. Du
10. Ianvier 1662.

Il vivoit en concubinage avec une
fille qu'il eftimoit eftre fa filleule,dont
il avoit plufieurs enfans. Il s'eft depuis reconnu,a fait penitence, & a efté
abfous : & ces Gentilshommes ont
tort de le produire, puis qu'il ne fe
plaint pas.

Monfieur de Belbianes a efté
declaré excommunié par Monfieur l'Evefque d'Alet, fans une
condamnation prealable.

*REVELATIONS
DES CONFESSIONS.*

Huitiéme Plainte.

Plufieurs perfonnes fe font
plaintes que leurs Confeffeurs
ont revelé leurs confeffions, &
que même ils en ont porté la
qui n'a pas fait grand cas de leurs

RE'PONSE.

M. d'Alet a répondu à cette calomnie dans la derniere de fes réponfes
aux premieres plaintes de ces Nobles,
prefentées au Roy par le P. Annat.

plainte à M. l'Evefque d'Alet,
plaintes.

Il eft faux que Saucede fe foit plaint
que le fieur Eymere ait revelé fa confeffion. Pour Fajolle, il ne falloit pas
recourir à fa confeffion pour parler
d'une chofe qui eftoit cónüe de tout le
monde & que lui même avoit crû eftre

Declaration de Fajolle Boudi-
gou & Saucede, par laquelle il
appert qu'ils fe font plains à leur
Curé que fon Vicaire nommé
Eymere avoit revelé leurs confeffions.

de son interest de publier, sçavoir sa malversation avec celle qu'il prit ensuitte pour femme, & qui est aujourd'huy le scandale du Diocese, estant une perdüe & une abandonnée que ce Fajolle a chassé depuis quelques années. V. le quatriéme Eclaircissement de la premiere partie de ce Factum.

Et quant à Boudignon, Dieu a permis que depuis fort peu de temps estant tombé malade & pressé par le remors de sa conscience, il a découvert toutes les mauvaises pratiques de M. Iulien Curé de Quilhan contre le sieur Eymere, en declarant que c'est luy qui l'a porté à rendre un faux témoignage en justice contre le Sieur Eymere, en l'accusant faussement d'avoir revelé sa confession, au lieu qu'il reconnoist *que c'est un tres digne Prestre, dont la vie & les actions sont tres exemplaires & sans reprehension, &c.* L'acte est du premier Mars 1666; il fait voir la liaison du sieur Iulien avec cette Noblesse, & sa passion criminelle à perdre par des calomnies horribles un excellent Prestre. Dés qu'il eut avis de cette declaration, il fut trouver ce pauvre malade pour le seduire & le porter à supprimer cet acte, lequel luy répondit en ces termes ; *Hé, Monsieur, voulez-vous que je me damne ! n'ay-je pas dit la verité dans cette declaration ?*

Barthelemy Chabaut de Quillan declare qu'il seroit allé trouver M. l'Evesque d'Alet les festes de Noël, qui estoit dans le lieu de Quillan pour faire gagner le Iubile aux parroissiens dudit lieu, pour se plaindre à luy de ce qu'il avoit esté refusé de tous les Confesseurs commis pour faire gagner ledit Iubilé, & que le Seigneur Evesque luy commanda de s'aller confesser au nommé Eymere Vicaire dudit lieu, & le declarant ayant témoigné audit Sieur Evesque qu'il ne pouvoit prendre aucune confiance audit Sieur Eymere, parce qu'il avoit autresfois revelé sa confession, dequoy ledit Sieur Evesque témoigna du déplaisir contre ledit sieur declarant, & luy commanda de se retirer.

La malversation de ce Chabaut dura plus d'un an, & sa fiancée estoit enceinte de sept mois quand il l'espousa. On n'avoit pas besoin de la confession de son fiancé pour connoistre sa malversation, il ne faut que voir la premiere partie du Factum, 4. Ecclaircissement.

Dit encore, que quelque temps aprés il porta la même plainte à son Curé, qui luy promit d'en parler à M. l'Evesque la premiere fois qu'il passeroit audit lieu ; ce qu'il fit un jour que ledit Seigneur Evesque estoit logé chez le Curé, où le declarant fut mené, & soûtint en presence dudit Eymere & de plusieurs autres personnes, que ledit Eymere avoit revelé sa confession, ce qu'il offroit de soûtenir par tout. Ce qu'entendant ledit Seigneur Evesque, il luy dit, que peut-estre ledit Eymere le sçavoit d'ailleurs, & qu'il s'en informeroit avec la femme du declarant, qui estoit celle à qui ledit Eymere avoit revelé la confession du declarant. Du 11. Iuillet 1663.

Pierre Fages de Quillan se plaint qu'en l'année 1659. il auroit esté à confesse au nommé Eymere Vicaire dudit lieu, & que

Quel témoin! un homme abruty par le vin, qui n'a point de religion, le plus chetif homme qu'on puisse voir, qui mange de la viande en Caresme ouvertement, &c.

s'estant

s'eſtant accuſé d'un peché d'impureté commis avec une fille , ſedit Eymere le voulut obliger de luy nommer la fille , ce que le plaignant luy ayant refuſé , il le renvoya ſans luy vouloir donner l'abſolution.

Du 16. Iuillet 1663.

Il faut voir ce qui eſt dit ſur cet article en la premiere partie du Factum , au 4. Ecclairciſſement. Ledit Sieur Eymere eſt accuſé d'avoir preſché des hereſies par des Savetiers, des Mareſchaux & des Bouviers , qui ne ſçavent pas les premiers elemens de la doctrine chreſtienne, ainſy que chacun ſçait, & qu'on a veu dans leurs reſomptions. Tout cela eſt éclaircy au même endroit. Ce qui eſt horrible , c'eſt que le Sieur Iulien eſt auteur de ces calomnies & qu'il a ſuborné les témoins pour les obliger à dépoſer faux. Cela paroiſt par l'acte fait par Boudignon.

Et ſa paſſion pour perdre, s'il eut pû, le Sieur Eymere l'a porté juſques à cet excés que de faire dreſſer un acte en forme de notorieté, contenant preſque les mêmes accuſations , qu'il a porté de porte en porte dans Quilhan pour le faire ſigner , faiſant accroire que c'eſtoit tout autre choſe. C'eſt ce que declarent pluſieurs de ceux qui y ont mis leurs ſeings, par acte du 3. Ianvier , 4. & 11. Fevrier, & premier Mars de cette année 1666. & il y en a même qui ſe plaignent qu'il y a ſuppoſé leurs ſeings. Et cependant ſi on en croit le Sieur Iulien & ſon acte, toutes les perſonnes qui y ſont nommées ont preſté ſerment devant l'Advocat ancien , quoy que dans la verité ils ne l'ayent pas veu & que le Sieur Iulien ait porté cet acte de maiſon en maiſon pour extorquer ces ſignatures; ces habitans n'ayans à ſe plaindre, comme ils aſſurent , que du Sieur Iulien , & de ce que ſon avarice eſt cauſe qu'ils ſont privez de ſervice, qu'il n'y a pas le nombre des Preſtres qui doit eſtre , qu'ils n'ont point de meſſe haute, il faut.

M. d'Alet dit au Curé qu'il luy en preſentaſt un autre pour ſervir à la place dudit Sieur Eymere , & que ce-

Le Sieur Iulien Docteur en ſainte Theologie, Curé de Quillan , declare que M. l'Eveſque d'Alet luy ayant donné pour Vicaire un nommé Eymere , ledit declarant auroit reconnu que ledit Eymere preſchoit des choſes fort ſuſpectes contre les maximes de l'Egliſe , & condamnées d'hereſie : & que pluſieurs perſonnes s'eſtoient venu plaindre à luy que ledit Eymere reveloit leurs confeſſions ; dequoy le declarant ayant porté ſa plainte à M. l'Eveſque, il auroit connu que ledit Sieur Eveſque ne faiſoit pas grand eſtat de ladite plainte, ce qui auroit obligé le declarant à faire ſignifier un acte audit Eymere , par lequel il luy declaroit qu'il luy donnoit ſon congé, & qu'il ne le vouloit plus au ſervice de ſa Cure. Ledit Eymere en ayant donné avis à M. l'Eveſque, il auroit reſtably ledit Eymere au ſervice de ladite Cure par une Ordonnance ſur pied de requeſte preſentée par ſon Promoteur , & fait deffenſes au Curé de troubler ledit Eymere dans le ſervice de ladite Cure , à peine de ſuſpenſe.

Du 15. Aouſt 1663.

& que le ſervice n'eſt pas fait comme

Acte fait par le Curé de Quillan audit Eymere, par lequel il appert du congé que ledit Curé

luy a donné.

Du 6. Avril 1661.

Ordonnance de M. l'Evesque d'Alet, qui restablit ledit Eymere au service de ladite Cure.

Du 7. Avril 1661.

Pierre Argence de Lavagnac dépose devant le Commissaire deputé par la Cour de Parlement de Thoulouze, qu'estant allé à confesse au Curé dudit lieu pour gagner le Iubilé, aprés que ledit Curé eust oüy tous ses pechez, il luy refusa l'absolution, luy disant que tous ceux qui n'avoient point déposé contre le Sieur de Rasiguieres, ne gagneroient point le Iubilé. Et dépose encores, qu'estant allé quelques jours aprés dans la maison dudit Curé pour luy demander de publier quelques annonces, ledit Curé l'auroit par prieres voulu obliger de déposer contre ledit Sr de Rasiguieres, & ledit déposant persistant toûjours à dire qu'il ne sçavoit rien, ledit Curé le menaça de le faire aller à Thoulouze & luy faire donner le foüet, parce que ledit déposant avoit autresfois dérobé des moutons, ce que ledit Curé ne sçavoit que par la confession dudit déposant. Du 10. Fevrier 1662.

pendant pour ne pas laisser la parroisse & les annexes sans service, qu'il demeureroit, & luy fit deffenses de le troubler. Qu'y a-t-il à dire en cette conduitte?

On a dit de quelle maniere Monsieur de Rasiguieres fit faire ces informations par un Commissaire du pays qui luy estoit dévoüé, mais on ne void pas quelles preuves ces Messieurs veulent tirer de cette déposition pour ce qui est en question.

OMISSIONS DE PRIERES PVBLIQVES pour le Roy & la Famille Royalle.

Neuviéme Plainte.

Se plaignent les Gentilshommes dudit Diocese, qu'on ne fait aucunes prieres publiques pour le Roy, ny pour la Maison Royale, dans les Chapitres, ny Cures dudit Diocese pendant les Offices divins, quoy qu'on eust accoûtumé de tout temps d'en faire, ainsy qu'il se pratique dans les autres Dioceses, & particulierement dans les cas extraordinaires; dequoy les Gentilshommes se sont plaints souvent aux Curez: même en l'année presente les Curez ont annoncé de l'ordre de M. l'Evesque d'Alet, que la feste de S. Louïs, qui avoit accoustumé d'estre chomée, ne le seroit point cette année, & n'estre plus chomable.

REPONSE.

Cette plainte est tres fausse: On en fait dans tous les prosnes, comme en tous les autres Dioceses de France.

V. prem. part. de ce Factum, 5. Eccl.

REPONSE.

Pour les liftres, M. d'Alet y a répondu dans fa réponfe à la cinquiéme des premieres plaintes prefentées au Roy.

Pour le furplus, il eft vray que M. d'Alet a donné cet avis aux Dames des lieux qu'il connoiffoit eftre dans la difpofition de l'executer, mais il ne les y a point obligées. Il n'eft pas vray qu'on ait refufé les Sacremens à la Dame de Rennes pour cela, ny à aucune autre; on n'y a obligé que les autres femmes, pour faire obferver l'ordre dans l'Eglife, en feparant les femmes d'avec les hommes fuivant le Statut Synodal.

Dixiéme Plainte.

Que M. l'Evefque d'Alet leur fait refufer les honneurs & droits honorifiques, empefchant qu'on mette des liftres dans les Eglifes des lieux dont ils font Seigneurs en toute juftice pendant l'année du deceds defdits Seigneurs, ou des femmes ; ordonnant encore que les bancs des Dames femmes defdits Seigneurs foient mis aprés ceux de tous les habitans leurs vaffaux; & quand lefdites femmes refufent de faire mettre leurs bancs dans cet ordre, elles font refufées à confeffe, même la veille de leurs couches. Privent encore plufieurs perfonnes des fepultures de leurs anceftres, quoy que morts dans la communion de l'Eglife, & munis de tous les Sacremens; même des enfans baptifez en âge feulement de deux, trois & quatre ans. Empefchent encore de faire les prieres publiques, obfeques & fervices pour les Seigneurs des lieux dans leurs parroiffes, quoy qu'ils foient morts munis de tous les Sacremens.

Monfieur d'Axat ayant efté interdit, nommément de l'entrée de l'Eglife, pour n'avoir pas fait fon devoir pafchal, n'y ayant pas efté receu à caufe de plufieurs injuftices manifeftes qu'il ne vouloit pas reparer, & n'ayant receu les Sacremens qu'à l'article de la mort, M. d'Alet crût pour le maintien de la difcipline, que c'eftoit affez de l'enterrer dans le cimetierre. Certificat du Curé, cotte M M. et fes enfans ne fe plaignant point de cette conduitte, comment cette Nobleffe fyndiquée entreprend-elle de s'en plaindre?

Les enfans dudit Iaubert ne fe font jamais plaints de cette conduite. On exigea d'eux qu'ils feroient les reftitutions aufquelles leur pere eftoit obligé, felon qu'il declara au Curé qu'il

PREUVES.

Monfieur d'Axat fut def-enterré de l'Eglife parroiffiale dudit Axat dont il eftoit Seigneur haut, moyen & bas, & porté au cimetiere par ordonnance de M. l'Evefque d'Alet, quoy que mort aprés avoir receu les Sacremens.

Ordonnance de M. l'Evefque d'Alet qui deffend d'enterrer le Sieur Iaubert de Quillan, que les heritiers dudit deffunt n'euf-

G ij

fent fatisfait à ce que M. l'Evefque d'Alet difoit avoir ouï avoir
efté declaré par le deffunt.

Du 18. Iuillet 1654.

Comme deffus.

Ordonnance de M. l'Evefque d'Alet, qui deffend de mettre des
liftres dans les Eglifes. Du

Comme deffus. Ordonnance de M. l'Evefque d'Alet pour la parroiffe de Roquefort, où dans le 4. article il ordonne que les murail-
les de ladite Eglife feront blanchies à l'endroit où il y a une liftre à
caufe du deceds du Seigneur.

Du premier Iuillet 1654.

Madame de Rennes fe plaint qu'eftant allée à confeffe au temps de Pafques pour faire fon devoir pafchal au Curé dudit lieu, lequel auroit oüy tous fes pechez & luy auroit refufé l'abfolution, parce que ladite Dame luy refufa de mettre fon banc aprés ce-
luy de fes vaffaux par ordre de fon mary.

On a répondu cy-devant que Monfieur d'Alet n'y oblige pas, & que fon Curé ne l'a pas refufée aux Sacremens. Ainfy cette plainte eft fauffe.

Du 25. Septembre 1663.

Acte fait par le Sieur Henry du Vivier au Curé de Montfort, dont ledit Sieur eft haut Iufticier, par lequel acte de requifition ledit Sieur du Vivier fomme & requiert ledit Curé de luy declarer pourquoy il avoit enterré fon fils dans le cimetiere, & non dans l'Eglife, qui luy répond que ç'a efté par ordre de M. l'Evefque d'Alet. Du 15. Septembre 1663.

C'eft le Sieur de Rafiguieres qu'on appelle une fois M. du Vivier, en un autre endroit M. de Rafiguieres, & icy Henry du Vivier Seigneur de Montfort. On a répondu à cet article dans la premiere partie du Factum.

Idem. Declarent plufieurs habitans de Montfort, qu'Eftienne
du Vivier, fils legitime dudit Sieur Henry du Vivier, eftant decedé,
âgé feulement de deux ans, les habitans auroient fait la foffe dans
l'Eglife, comme fils du Seigneur, le Curé dudit Montfort n'auroit
voulu enterrer ledit du Vivier dans cette Foffe, leur ayant fait voir
un ordre du Secretaire de M. l'Evefque qui le luy deffendoit.

Du 14. Septembre 1663.

Acte de requifition fait par le Sieur de Sournia au Curé dudit lieu pour faire les obfeques & honneurs funebres dans la parroiffe de feu fon pere, qui eftoit mort à Thoulouze aprés avoir receu tous les Sacremens, dans

Le Curé a eü raifon de le refufer, ne luy pouvant apparoiftre juridiquement de la levée de l'interdit du feu Sieur de Sournia, que par les ordres de fon Evefque. Le certificat du Curé de la parroiffe de la Daldabe n'eftant pas un acte authentique.

la parroiffe de la Dalbade, & efté enterré dans l'Eglife des Peres Auguftins de Thoulouze, auquel acte ledit Curé répondit qu'il ne peut faire ces obfeques, attendu que ledit deffunt eftoit interdit de l'entrée de l'Eglife dans fon Diocefe.

Du 28. Aouft 1663.

Idem. Acte de requifition reïteratif fait par ledit feu de Sournia audit Curé, par lequel ledit Sieur le requiert de nouveau de vouloir faire les obfeques dans la parroiffe pour ledit feu Sieur de Sournia fon pere, & luy exhibe certificat des Peres de l'Oratoire Curez de la Dalbade dudit Thoulouze, comme ledit feu Sieur de Sournia eft mort, aprés avoir receu par eux tous les Sacremens de l'Eglife : A quoy ledit Curé a répondu, qu'il ne peut faire lefdites obfeques & honneurs funebres, qu'il n'ait un ordre exprés de M. l'Evefque.

Du dernier Octobre 1663.

REFVS DE LA TONSVRE aux Enfans des Gentilshommes, s'ils ne s'appliquent à eftre Maiftres d'Efcole.

Vnziéme Plainte.

Se plaignent de plus les Gentilshommes dudit Diocefe, que M. l'Evefque refufe la tonfure à leurs enfans, quoi qu'ils ayent paffé, ou veulent paffer par le Seminaire; à quoy ils fe foûmettent volontiers; s'ils ne fervent de Maiftres d'Efcole, ou de Clercs dans des Villages dudit Diocefe pendant trois années ou plus, comme il plaift à M. l'Evefque, ce qui déroge à leur condition, & qui empefche le progrés qu'ils feroient aux bonnes lettres dans les Colleges & Vniverfitez. Cela fe juftifie par l'aveu propre de fon Promoteur.

RE'PONSE.

Aucun enfant de la Nobleffe ne s'eft prefenté pour eftre initié dans l'Eglife que le jeune frere du Sieur de Rennes, lequel aprés quelques jours de demeure au Seminaire, declara qu'il n'y eftoit venu que pour complaire à fon frere, & qu'il n'avoit aucune volonté de fe faire Ecclefiaftique. Et il n'eft point arrivé qu'on ait voulu obliger aucun fils de Gentilhomme a eftre Regent, puis qu'aucun ne s'eft prefenté que le frere dudit Sieur de Rennes, auquel on n'a jamais parlé d'eftre Regent.

REFVS DES VISA SVR LES SIGNATVRES aux enfans des Gentilshommes.

Douziéme Plainte.

Que M. l'Evefque refufe toute forte de fignatures de Rome, pour quel benefice que ce foit,

RE'PONSE.

Il n'eft pas vray que M. d'Alet refufe toute forte de fignatures de Rome; il ne refufe de donner *Vifa* que

& vexe par des chicannes inoüies les Ecclesiastiques qui ont eü recours par des *Visa* à d'autres Evesques. Cecy se justifie par un tres grand nombre de personnes à qui il a refusé le *Visa*, même en particulier aux enfans des Gentilshommes. pour des causes tres canoniques, & on ne peut alleguer aucun qu'il ait refusé que pour semblables causes, qu'il donne tousjours par écrit.

EGLISES SANS SERVICE.

Treiziéme Plainte.

Que plusieurs Eglises sont sans Prestres & service, & que beaucoup de parroisses d'un tres grand nombre de communians sont servies par un seul Prestre, cela vient de ce que M. l'Evesque aime mieux laisser lesdites Eglises destituées de tout secours, que d'y mettre des Prestres qu'il ne void pas estre dans la disposition de pratiquer ses maximes.

RE'PONSE.

M. l'Evesque d'Alet a répondu à cette plainte dans sa réponse à la septiéme des premieres plaintes presentées au Roy de la part de cette Noblesse par le Pere Annat, laquelle est tres injuste.

PREUVES.

Les habitans de Caudiés, qui est une des principalles Villes du Diocese, chef de Viguerie, où il y a un grand nombre de communians, se plaignent qu'ils sont servis par le seul Vicaire perpetuel dudit lieu, quoy que le Curé primitif, qui est le Chapitre de Narbonne, paye les gages audit Vicaire pour un autre Prestre.

On void par les certificats cottez H H, qu'il y a tousjours eu trois Prestres qui ont esté approuvez pour cette parroisse.

Du 8. Aoust 1663.

Les habitans de S. Martin se plaignent qu'ils sont depuis quatre ans sans Prestres, dont il est arrivé que plusieurs personnes sont mortes sans confession, ny aucune assistance spirituelle.

Ils n'en avoient jamais eu, c'est M. d'Alet qui a commencé de leur en donner, ils n'ont point manqué de service depuis, comme on void par le certificat du Curé sous la cotte F.

Du 9. Aoust 1663.

Les habitans de Feilluns se plaignent que leur Curé qui avoit accoustumé & estoit obligé de tenir un autre Prestre pour servir la parroisse de Pezilla, qui est un Village dépendant dudit lieu de Feilluns, n'en a point depuis long temps, & oblige quelquesfois les parroissiens à le suivre lors qu'il

Feilluns est un petit vilage où il n'y a plus de quarante personnes de communion, Pezilla n'en est pas éloigné de plus de demie lieuë, & c'est à tort que les habitans de l'un & l'autre de ces vilages se plaignent, c'est la faute des habitans de Pezilla s'ils n'ont point de service maintenant, & ce n'est pas manque de volonté de la part de leur Curé, ni de M. d'Alet, qu'ils n'ont pas de Prestre resident, comme on void par le certificat du Curé, & par l'acte qu'il a fait aufdits habitans, qui fe font pourveus au Parlement de Thoulouze par l'ordre du Sieur de Sournia , & troublent leur Curé par procez. Cette réponfe eft pour cet article & le fuivant. Ledit certificat eft fous la cotte S , & ledit acte eft icy cotté I I.

Idem. Les habitans de Pezilla fe plaignent qu'ils font depuis tres long temps fans Preftres & fans fervice , n'entendans que rarement la meffe , & qu'il eft arrivé que beaucoup de perfonnes font mortes fans confeffion , & qu'ils font refufez à confeffe , parce qu'ils ont mis le Curé de Feilluns leur Curé en juftice , le Curé les voulant obliger d'aller audit Feilluns faire leur devoir pafchal , & entendre la meffe.

Du 12. Aouft 1663.

Cette plainte eft captieufe & contient deux fauffetez. La premiere, en ce qu'elle fuppofe que les habitans de S. Arnac font en droit d'avoir un Preftre , ce qu'ils n'ont jamais eu ny pretendu. La feconde, que l'Eglife de Lefquerdes ne foit pas leur parroiffe. Il eft vray que la parroiffe eft appellée dans les anciens tiltres la parroiffe de Tëiffaco , mais le lieu de Tëiffaco n'eftant plus de memoire d'homme, la parroiffe a efté transferée au lieu de Lefquerdes d'où S. Arnac dépend , & il en eft bien plus proche qu'il ne feroit de Tëiffaco , s'il eftoit encore chef de parroiffe , & il eft faux que perfonne y foit mort fans Sacremens faute de Preftres. V. le certificat du Curé de Lefquerdes , fous la cotte E.

Il eft vray que ce lieu n'a point de Vicaire , mais on fçait bien qu'il ne tient pas au Curé , & encore moins à M. d'Alet , mais on ne peut trouver de Preftres qui vueillent venir dans ces petits lieux, celuy-cy n'eftant d'ailleurs éloigné de Montfort chef de parroiffe, que de demy lieuë.

caire,& fouvent requis M. l'Evefque en prefence defdits habitans de luy donner un Vicaire. Du 14. Septembre 1663.

Cette plainte eft fauffe , ils ont fervice avec Tournebois , & perfonne n'y eft mort fans Sacremens faute de Preftres.

va dire la meffe audit Pezilla , les menaçant de leur refufer l'abfolution s'ils n'obeïffent à fes ordres , ce qu'ils ne peuvent faire fans tres grande incommodité ayans une riviere à paffer.

Du 9. Aouft 1663.

Les habitans de S. Arnac dépendant de la parroiffe de Teiffac , fe plaignent qu'ils font fans Preftres depuis long temps , & privez du fervice les Dimanches & feftes , M. l'Evefque les voulãt obliger d'aller au lieu de Lefquerdes entendre la meffe & y faire leur devoir pafchal , nonobftant l'éloignement dud lieu,& le mauvais chemin , ce qui fait que tres peu de monde entend la meffe , & que des perfonnes y font mortes fans Sacremens.

Du 14. Aouft 1663.

Les habitans de Gincla fe plaignent qu ils font depuis huit ans fans Preftres, quelles remontrances qu'ils ayent fait à M. l'Evefque, qui veut les obliger d'aller entendre la meffe à Montfort, bien que le Curé dudit Montfort, qui eft leur Curé , ait offert de donner de bons gages à un Vi-

Les habitans de Bourigeolles fe plaignent qu'ils font depuis tres long temps fans Preftres & fans fervice , & que beaucoup de perſonnes ſont mortes ſans Sacremens.

Du 5. Septembre 1663.

Les habitans de S. Sernin ſe plaignent qu'ils ſont depuis long temps ſans Preſtre & ſans ſervice.

Du 5. Septembre 1663.

Cette plainte eſt fauſſe, ils ſont ſervis par un Vicaire qui y demeure. Il eſt vray que le Curé de Boriege, dont Saint Sernin eſt annexe, eſtant incommodé de ſa ſanté, & ne pouvant ſervir, le Vicaire ſert tous les deux lieux, qui ne font qu'environ deux

cens communians, & ne ſont éloignez l'un de l'autre que d'une portée de mouſquet.

Les habitans de Lavagnac & de Salvatgines ſe plaignent que le Curé de Puylaurens, qui eſt leur Curé, qui avoit accouſtumé de tenir deux Vicaires pour adminiſtrer les Sacremens à trois

Il n'y a jamais eu de ſervice à Salvatgines ny à Lavagnac, n'eſtans que deux petits Hameaux tout proches de l'Egliſe parroiſſiale, & ainſy c'eſt à tort qu'on ſe plaint. Voir le certificat du Curé cotté Y.

ou quatre Villages aux environs qui dépendent de ladite parroiſſe, n'en tient point depuis long temps, & ne fait aucun ſervice au lieu de Salvatgines, d'où il arrive de tres grands inconveniens à cauſe de la diſtance du lieu.

Du 15. Septembre 1663.

Les habitans de Galinagues ſe plaignent qu'ils ſont depuis tres long temps ſans Preſtres & ſans ſervice, & qu'il eſt arrivé que des parroiſſiens ſont morts ſans les Sacremens, quoy que Meſſieurs

Ce Village qui n'eſt éloigné de Rodome, chef de parroiſſe, que d'un quart de lieüe ou environ, eſt ſi petit, qu'il n'y a pas dequoy y occuper un Preſtre, & nulle perſonne n'y eſt morte ſans Sacremens faute de Preſtres.

du Chapitre de S. Iuſt de Narbonne qui ſont leur Curé, ayent preſenté à M. l'Eveſque des Preſtres pour le ſervice de ladite Cure qu'il a refuſez, ou envoyé en d'autres parroiſſes.

Du 18. Septembre 1663.

DECLARATION
DES PECHEZ
hors la Confeſſion.

Quatorziéme Plainte.

Se plaignent encore les Gentilshommes, que des Confeſſeurs ont obligé des penitens à declarer hors de la confeſſion les pechez pour s'en ſervir en Iuſtice.

RE'PONSE.

Il y a des rencontres où cette conduitte eſt tres legitime, & ordonnée même par l'Egliſe, quoy qu'on n'en doive uſer qu'avec beaucoup de diſcretion, comme M. d'Alet l'a expliqué dans ſa réponſe à la huitiéme des premieres plaintes de cette Nobleſſe.

Si ces

Si ces femmes avoient obligation de reveler elles mêmes ce qu'elles avoient declaré en confeſſion, on ne peut trouver mauvais que le Preſtre les y ait obligé, car un Preſtre ne peut jamais ſe ſervir de la connoiſſance qu'il a par la confeſſion, mais il peut bien repreſenter à ſes penitens l'obligation qu'ils peuvent avoir d'ailleurs de rendre témoignage à la verité, quand le bien public le deſire, comme lors qu'il s'agit de punir un méchant Curé qui a abuſé de ſon miniſtere pour dreſſer des embuſches à la chaſteté des femmes, & c'eſt ce qu'on peut croire facilement eſtre arrivé en cette rencontre, puiſque le Sieur de la Serre Curé de Rabouïllet eſtoit un fort méchant homme, qui a eſté convaincu d'une infinité de crimes en matiere d'impureté pour leſquels il a eſté dépoſé. On peut voir ſur cela la premiere partie du Factum, page 31. & 109.

C'eſt la quatriéme fois qu'on produit cette femme abandonnée au ſieur de Raſiguieres & ſervant à ſes débauches, dite la Minoye, & cette nobleſſe devroit avoir honte de ſe ſervir ſi ſouvent du témoignage d'une perſonne qui eſt incapable de faire aucune foy.

Du 12. Fevrier 1663.

RÉPONSE.

On n'a jamais obligé une femme de rien faire contre ſon mary, mais on n'a pas dû ſouffrir qu'une femme parlaſt contre la verité connüe, & avançaſt des fauſſetez pour procurer à ſon mary une impunité prejudiciable à ſon ſalut contre les cenſures de l'Egliſe, & il n'eſt pas vray qu'on ait voulu obliger des femmes à ſe ſeparer de corps d'avec leurs maris, ſans cauſe canonique.

Ieanne Delpech, & Barthelemie Cairolle, declarent que s'eſtant preſentées au Sieur Bayon Preſtre Vicaire de Rabouïllet pour faire leur confeſſion, auquel ayans declaré leurs pechez, ledit Bayon les auroit obligez à force de prieres & promeſſes, même offert une paire de ſoüilliers & autres choſes, de declarer leurs pechez devant des témoins, ce qu'elles auroient fait.

Du 16. Septembre 1663.

Annette Martine femme mariée dépoſe, que s'eſtant preſentée pour gagner le Iubilé à un nommé Maiſtre Marſan Preſtre, lequel luy auroit dit qu'on luy feroit gagner le Iubilé, & on luy oſteroit l'interdit de l'entrée de l'Egliſe, ſi elle vouloit declarer devant des témoins qu'elle avoit malverſé avec le Sr de Raſiguieres.

SEPARATION DES FEMMES
des intereſts des maris.

Quinziéme Plainte.

Que les Confeſſeurs veulent obliger des femmes de ſe ſeparer des intereſts de leurs maris lors qu'ils plaident contre le Seigneur Eveſque, ou ſes Officiers pour des cenſures contr'eux laxées; & veulent encore obliger des femmes de ſe ſeparer de corps de leurs maris pour des ſujets qui ne ſont pas legitimes.

H

Information faite à la requeste de la Dame du Vivier, par laquelle il appert que le Curé dudit lieu luy a refusé de luy faire gagner le Iubilé, parce qu'elle ne vouloit pas luy promettre de se separer des interests de son mary qui plaidoit contre M. l'Evesque d'Alet pour l'avoir declaré excommunié contre les formes.

Du 11. Fevrier 1662.

Idem. Acte de requisition faite par ladite Dame du Vivier au Curé dudit lieu, de la recevoir au temps paschal à la confession, auquel acte ledit Curé répondit qu'il estoit tout prest de l'entendre, si elle se mettoit dans les dispositions necessaires; & luy ayāt demandé quelles estoient ces dispositions, le Curé luy répondit que c'estoit de se separer des interests de son mary.

Du 5. Avril 1662.

Pierre Vidal de Quillan se plaint que luy & sa femme sont refusez à la confession depuis deux ans & demy, parce que M. l'Evesque d'Alet veut qu'il se separe de corps & d'habitation d'avec sa femme, sous pretexte que sadite femme a fait cinq fausses couches.

Du 27. Iuin 1663.

Delphine Gouttes de Sournia declare qu'estant allée à confesse au Curé dudit lieu, ledit Curé luy auroit dit par plusieurs fois qu'elle ne devroit pas souffrir que son mary la connust, & qu'elle devoit faire lit à part attendu leur pauvreté & le nombre des enfans qu'ils avoient, & qu'il seroit dangereux que leurs enfans estans pauvres fussent gens de mauvaise vie.

Du 14. Aoust 1663.

Le fait est que cette Dame ayant souvent pleuré avec la vieille Dame du Vivier sa belle-mere devant leur Curé des débauches du Sieur de Rasiguieres son mary, & cela ayant esté rapporté à Thoulouze, cette Dame craignant qu'on n'en prit avantage contre son mary, pour luy complaire écrivit à ses parens qu'il estoit innocent, & qu'il avoit esté injustement excommunié. Elle qui avec sa belle-mere avoit souvent fait prier M. d'Alet d'avertir ledit Sieur de Rasiguieres de se corriger de ses débauches qui luy estoient connües; c'est pourquoy le Curé luy dit qu'on ne l'obligeoit pas de rien faire contre son mary, mais qu'elle ne pouvoit pas aussy agir pour luy contre la verité & contre sa conscience. Elle persistant dans le dessein de continuer à le justifier devant ses parens Officiers audit Parlement, le Curé luy dit qu'il ne pouvoit pas la recevoir au Sacrement de penitence, si elle ne changeoit de disposition. Certificat du Curé du Vivier sous la cotte F.

C'est le Cas expliqué dans la premiere partie du Factum sur la requeste des Gentilshommes au Parlement de Thoulouze, pag. 31. & 32.

Cette accusation est frivole, & ne fait rien à ce dont il s'agit. Le Curé est un des plus pieux & des plus prudens Prestres du Diocese. On a produit cette femme cy-devant, dont le témoignage est de nulle consideration, estant une de celles qui n'ont point fait leur devoir paschal pour des raisons notoires.

Seiziéme Plainte.

Que les Prestres du Diocese d'Alet empeschent par refus d'absolution l'execution des Arrests ou Sentences obtenües contre M. l'Evesque, ou ses Officiers ; & preschent lesdits Prestres le mépris qu'on doit avoir pour lesdits Arrests, jusques à soûlever le peuple contre ceux qui les ont obtenus.

PREUVES.

Iean Vidal Sergent de Prats dépose que luy & sa femme ont esté refusez à confesse pour avoir servy de sa charge de Sergent exploitant, les Sieurs de Rasiguieres de Sournia, & Luga de S. Paul, à un procez qu'ils ont contre M. l'Evesque d'Alet, & fut par là privé de gagner le Iubilé. Du 10. Fevrier 1662.

Iean Guilhen Rieu Sergent de Campoussy, se plaint qu'il a esté refusé à confesse par le Curé dudit lieu au temps de Pasques, pour avoir executé un Arrest du Parlement de Thoulouze contre le Syndic du Clergé. Du 3. Aoust 1663.

Iean Pierre Matthieu de Fosse se plaint qu'ayant esté obligé de déposer à une enqueste faite à la requeste du Sr d'Ansignan côtre le Syndic du Clergé, laquelle déposition estant venüe à la connoissance du Curé dudit lieu, il auroit dit au plaignant que bien luy valoit d'avoir confessé, que s'il avoit sceu qu'il eust esté témoin dans cette enqueste, il l'auroit refusé à confesse.

Du 12. Septembre 1663.

Comme dessus. Iean Boüissou de Fosse se plaint qu'estant allé à confesse au temps paschal au Cu-

---

RÉPONSE.

M. d'Alet dans ses réponses à la cinquiéme des premieres plaintes de cette Noblesse, s'est pleinement justifié de cette calomnie.

C'est un yvrogne public, qui est capable quand il a beu de faire tout ce qu'on veut, & c'est le sujet de son refus. On peut voir le certificat du Curé cotté K K. Ce sont des Sergens qui ne sçavent ny lire ny écrire.

C'est un voleur & un faussaire public, & cette Noblesse devroit avoir honte de se servir du témoignage de telles gens. Voir le certificat de l'ancien Curé dudit lieu cotté L L.

Le fait est que le Clergé du Diocese ayant procez avec un Gentilhomme touchant la dixme du foin rouge, dit foin d'Espagne, il fut ordonné que le Syndic du Clergé prouveroit la coustume par enqueste, ce qu'il fit. Il fut permis à ce Gentilhomme d'en faire une contraire, en laquelle ces deux hommes de Fosse déposerent que la coustume audit lieu de Fosse estoit de ne point payer la dixme de ce foin. Cette enqueste se faisoit dans tous les villages voisins, & il estoit notoire à toute la parroisse que la coustume estoit de payer la dixme de ce foin, & un de ces deux témoins l'avoit luy même payé l'année precedente. Voila le fondement du Curé de refuser ces perré dudit lieu, ledit Curé l'auroit voulu obliger de desavoüer l'audition qu'il avoit faite dans une enqueſte faite contre le Syndic du Clergé, ce que le plaignant n'ayant voulu faire, ledit Curé l'auroit renvoyé ſans luy vouloir donner l'abſolution.

Du 13. Septembre 1663.

Et dudit article les Sieurs Gentilshommes ont encore diverſes autres preuves par l'execution refuſée & empeſchée par les voyes des cenſures à l'égard des Sieurs de Raſiguieres, Sournia, Rennes, Comeſourde, Moulins, Luga & autres.

REFVS DE PVBLIER INDVLGENCES.

Dix-ſeptiéme Plainte.

De plus ſe plaignent les Gentilshommes qu'on ne void plus dans les grands lieux, ny dans tout le Dioceſe aucunes Indulgences, quoy qu'on en ait obtenu de ſa Sainteté, deſquelles M. l'Eveſque n'a pas voulu permettre la publication.

PREVVES.

Trois actes de requiſition faits par les Peres Auguſtins de Caudiés, par leſquels il appert que le Curé dudit lieu a refuſé de publier les Indulgences concedées par N. S. Pere le Pape Alexandre VII. pour la canoniſation de S. Thomas de Villeneuve Archeveſque de Valence, à toutes les perſonnes de tout ſexe qui en ce temps-là viſiteront l'Egliſe deſdits Peres Auguſtins, deſquelles Indulgences il n'a jamais voulu permettre la publication, le premier du 26. 28. & dernier de Iuillet 1659.

ſonnes, outre que ce Boüisſou eſt homme à tout faire, comme on a dit cy-deſſus, où il a eſté desja produit.

Il eſt vray qu'on n'a point deferé à l'abſolution à cautele obtenüe par le Sieur de Raſiguieres excommunié pour ſes crimes notoires, ayant eſté donnée par un grand Vicaire de Thoulouze, non plus qu'à celle du Sieur de Rennes & des autres, mais on a fait voir dans la premiere partie du Factum qu'on n'y pouvoit deferer ſans peché, parce que ce ſeroit ruiner toute la diſcipline de l'Egliſe.

REPONSE.

Cette plainte eſt fauſſe. M. d'Alet outre celles qui ſont émanées du ſaint Siege, en a donné, & on les a publiées en faveur de toutes les perſonnes qui accompagnent le S. Sacrement quand on le porte aux malades.

Il eſt faux qu'on ait refuſé ces Indulgences, puis qu'elles ont eſté gagnées, mais bien la permiſſion aux Religieux de confeſſer & d'abſoudre de toute ſorte de cas, ce qu'ils firent pourtant, & receurent même des perſonnes qui eſtoient nommément interdites, & les plus ſcandaleux. Le Curé de Caudiés eſtoit bien fondé de refuſer de publier des Indulgences ſans ordre de ſon Eveſque.

RE'PONSE.

Le Mandement de M. d'Alet pour la signature le justifie assez contre la plainte de ces Nobles. Mais voicy une plaisante preuve de cette plainte.

du livre de Iansenius, n'ont jamais esté publiées dans le Diocese d'Alet, ains au contraire M. l'Evesque d'Alet a tenu un Libraire de Carcassonne pendant six semaines dans sa maison episcopale pour relier des Messels traduits en François, nonobstant les deffenses faites par le Pape, le Roy & l'assemblée du Clergé.

Le fait est que celuy qui a fourny aux frais de l'impression de cette traduction du Messel en donna à quelques Ecclesiastiques d'Alet, & entre autres à M. de l'Estang Doyen. Ledit sieur de l'Estang ayant quelques autres livres à faire relier fit venir dans sa maison ce Relieur de Carcassonne auquel il fit relier ce Messel avec ses autres livres, le tout sans l'avis & à l'insceu de M. d'Alet. Mais quand il seroit vray, ce qui est faux, que M. d'Alet auroit fait relier cette traduction du Messel dans sa maison episcopale, ce seroit une impertinence que de luy en faire un crime.

lut pas qu'il les portast dans sa maison de Carcassonne pour faire ladite reliüre, ce qu'il auroit pû faire plus commodement.

Du premier Aoust 1663.

RE'PONSE.

L'on a dit dans les réponses aux calomnies avancées par le sieur de l'Estang, imprimées à la fin des premieres plaintes de cette Noblesse page 24. que c'estoit une erreur, & même une

Dix-huitiéme Plainte.

Que les Constitutions d'Innocent X. & Alexandre VII contre les cinq propositions tirées du livre de Iansenius, n'ont jamais esté publiées dans le Diocese d'Alet, ains au contraire M. l'Evesque d'Alet a tenu un Libraire de Carcassonne pendant six semaines dans sa maison episcopale pour relier des Messels traduits en François, nonobstant les deffenses faites par le Pape, le Roy & l'assemblée du Clergé.

PREVVES.

Montlaur & Pierre Arnaud de Carcassonne declarent qu'estans allez un jour dans la boutique de Daspe Marchand Libraire de Carcassonne, ils auroient oüy dire audit Daspe qu'il avoit esté pendant cinq ou six semaines dans la maison episcopale d'Alet, où il auroit relié par ordre du Seigneur Evesque d'Alet plusieurs Messels traduits de latin en François, que ledit Daspe sçavoit avoir esté condamnez par sa Sainteté, & par sa Majesté, & que même ledit Seigneur Evesque ne voulut pas qu'il les portast dans sa maison de Carcassonne pour faire ladite reliüre, ce qu'il auroit pû faire plus commodement.

TROVBLES
& scrupules donnez à l'article de la mort.

Dix-neuviéme Plainte.

Qu'à l'article de la mort les Confesseurs approuvés par M. l'Evesque taschent d'extorquer des choses injustes par le refus

d'abfolution, & menaces de pri-
ver de terre fainte les moribonds
tant ecclefiaftiques que laïques ,
pour les obliger par exemple à
renoncer à des Arrefts & dépens
obtenus côtre M. l'Evefque ou fes
Officiers, & revoquer les refigna-
tions faites en Cour de Rome.

herefie, de dire qu'on ne doit jamais
refufer l'abfolution à des moribonds
pour des chofes temporelles. C'eft ce
que ces Gentilshommes appellent
donner des fcrupules aux moribonds :
comme fi un Curé qui connoift que
fon parroiffien eft en mauvais eftat
parce qu'il a commis des injuftices,
qu'il a obtenu des Arrefts fur des faux
expofez , &c. n'eftoit pas obligé de
l'en avertir, & de le porter à fortir de cet eftat de damnation, & de reparer autant qu'il eft en luy, le paffé. Il en a encore efté parlé dans la premiere partie du
Factum page 29.

PREUVES.

Requifition faite par Pierre
Bonnet de S. Paul , faifant pour
Maiftre Hector Bajoullet Preftre & Chanoine de l'Eglife col-
legiale dudit S. Paul fon oncle au
Sieur Rameau Vicaire dudit lieu,
pour fe tranfporter dans la mai-

Les certificats cy-devant produits
des Vicaires de S. Paul , & la dedu-
ction de ce fait , font voir l'injuftice de
cette plainte , qui eft encore refutée
par M. d'Alet dans fa réponfe à la quatriéme des premieres plaintes de cette
nobleffe.

fon de fondit oncle pour l'oüir en confeffion, attendu que fondit oncle eft detenu malade dans fon lit depuis quatre mois, & qu'il a de-
fir de faire fon devoir pafchal comme un bon chreftien.
Du 21. Avril 1661.

Idem. Acte de requifition du fieur Bonnet, faifant pour ledit fieur
Bajoulet fon oncle, audit fieur Rameau, par lequel il le requiert de
dire pourquoy eftant venu dans la maifon de fondit oncle le jour
d'hyer pour l'entendre en confeffion , il ne l'auroit voulu entendre ,
& luy dit qu'il en eftoit indigne ; & ledit requerant luy protefta de
tout ce qui en pourroit arriver , & le fomme derechef de venir entendre la confeffion de fondit oncle, pour qu'il puiffe comme un
bon chreftien recevoir les Sacremens. Du 23. Avril 1661.

Idem. Pierre Bonnet & Iean Peliffier de S. Paul, declarent que
le jour de S. Iofeph 1661. eftant le fieur Bajoulet leur oncle malade
dans fon lit, feroit venu Me Vincent Ragot Promoteur de M. l'E-
vefque d'Alet, accompagné de plufieurs perfonnes ; que fans confiderer le trouble qu'ils donnoient à fondit oncle malade , heurta avec
grande impetuofité, & menaça de faire enfoncer la porte , lefdits
declarans luy ayant ouvert, il entra & monta en la chambre dudit
malade, & luy dit de la part de M. l'Evefque de faire revocation de
la refignation qu'il avoit par cy-devant faire de fon canonicat, &
ledit fieur Bajoulet malade luy ayant dit qu'il n'en vouloit rien
faire, le prioit de le laiffer en repos, lors ledit Promoteur le menaça que s'il mouroit de cette maladie, il mouroit fans fepulture , & s'il

estoit à confesser on ne le confesseroit pas.

Idem. Declarent de plus, que les festes de Pasques estant arrivées, & ledit malade desirant faire son devoir paschal, ne pût estre receu à la confession qu'il n'eust fait la revocation qu'on demandoit de luy.

Idem. Declare encore ledit Pelissier neveu, qu'estant voulu aller à confesse au temps de Pasques avec sa femme à un nommé Gaichet Vicaire dudit S. Paul, sadite femme s'estant mise au confessionnal, ledit Gaichet luy auroit dit que si elle vouloit estre confessée, il faloit luy promettre d'obliger son oncle à faire la susdite revocation, & ladite femme luy ayant dit qu'elle ne se mesloit point de cela, ledit Gaichet l'auroit traittée d'impertinente, & au lieu d'oüir sa confession, il en seroit venu aux grosses paroles. Du dernier Iuillet 1663.

L'instruction particuliere donnée à Messeigneurs les Commissaires pour épargner l'honneur de cette famille, & les procedures produites au procez, font voir la justice de la conduitte qu'on a gardée envers ledit Sieur Luga, sa femme & sa fille; & on ne doute point que ceux qui en seront instruits ne reconnoissent que jamais Evesque n'a agy d'une maniere plus charitable & plus chrestienne qu'à fait M. d'Alet envers ces personnes. La femme & la fille se sont reconnües, & il y a trois ans qu'elles ont esté receües à l'Eglise aprés avoir témoigné regret de leur vie passée & du scandale qu'elles avoient donné, ainsy qu'il paroist par le certificat du Sieur Delmas Chanoine de S. Paul, qui eut ordre de M. d'Alet de les recevoir, cotté N N.

Acte de requisition fait par le Sieur Luga aux sieurs Rameau & Gaichet Vicaires de S. Paul, par lequel il declare audit sieur Rameau qu'il est venu à sa connoissance qu'il a ordre de M. l'Evesque d'Alet de lui faire trois commandemens, de se mettre luy, sa femme & sa fille dans les dispositions necessaires pour qu'on leur oste l'interdit, & qu'ils soient receus à faire leur devoir paschal qui leur est refusé depuis long temps, à peine d'excommunication; il somme & requiert par cet acte led. Rameau à leur declarer quelles sont ces dispositions necessaires. Du 29. Aoust 1661.

Cet Arrest du Sr Luga a esté donné par deffaut, & M. d'Alet aima mieux estre condamné qu'en se deffendant couvrir cette famille d'infamie.

Idem. Arrest du Parlement de Thoulouze rendu en faveur dudit Luga, par lequel la Cour declare y avoir abus en l'Ordonnance rendüe par le Sieur Evesque d'Alet allencontre dudit Luga, & condamne ledit Sieur Evesque aux dépens. Du 24 Mars 1662.

Idem. Acte derogatoire dudit Luga, par lequel ledit Luga declare qu'estant atteint d'une griéve maladie, il auroit appellé son Curé pour oüir sa confession, lequel Curé auroit refusé d'oüir sadite confession, que par un prealable il n'eust fait quittance à M. l'Evesque d'Alet, ou renoncé entierement à de certains dépens qu'il avoit obtenu par l'Arrest du Parlement susdit contre ledit Sieur Evesque, & proteste qu'en cas qu'il sera obligé pour recevoir les Sacremens de faire ladite quittance, qu'elle sera nulle, attendu qu'elle luy sera extorquée par violence, & dans le refus qu'on luy fait des Sacremens estant dangereusement malade. Du 2. Iuin 1663.

Idem. Quittance dudit Luga faite aprés l'acte dérogatoire. Du 11. Iuin 1663.

Idem. Declaration dudit Luga, par laquelle il appert que ledit Luga a obtenu un Arrest au Parlement de Thoulouze avec dépens contre M. l'Evesque d'Alet, & qu'estant ledit Luga tombé griévement malade, il auroit fait appeller le Vicaire de la parroisse pour luy administrer les Sacremens, ce que ledit Vicaire auroit refusé que par un prealable ledit Luga ne quittast tous les dépens qu'il avoit obtenu contre ledit Sieur Evesque d'Alet, ce qu'il fit pour estre receu aux Sacremens, & ledit Vicaire luy apportant la sainte Eucharistie, il dit tout haut au peuple qui l'accompagnoit, qu'il seroit témoin que ledit Luga se déportoit de l'Arrest obtenu contre M. l'Evesque d'Alet. Du dernier Iuillet 1663.

Idem. Se plaint ledit Sieur Luga, tant pour luy que pour sadite femme & sa fille, qu'ils sont refusez à confession depuis l'an 1653. sans qu'ils ayent jamais pû sçavoir la raison pourquoy on les refusoit à confesse, quels actes qu'ils ayent faits aux Vicaires qui servoient la parroisse qui les faisoit quelquesfois venir au confessionnal, leur faisoit declarer leurs pechez, & leur refusoit aprés cela l'absolution; d'autres fois leur disoit à l'oreille qu'il avoit ordre de M. l'Evesque de ne les confesser pas, & ensuitte les auroit interdits de l'entrée de l'Eglise, & aprés avoir obtenu Arrest du Parlement qui cassoit ladite interdiction, ils se seroient voulu presenter à l'Eglise, en auroient esté rejettez par les Vicaires, injuriez & menacez d'estre battus, & même lesd. Vicaires auroient voulu émouvoir le peuple contr'eux.

Du premier Aoust 1663.

PROCEZ INTENTEZ

SOVS LE NOM

DV PROMOTEVR.

Vingtiéme Plainte.	*RÉPONSE.*
Se plaignent les Gentilshommes dudit Diocese, que M. l'Evesque d'Alet leur intente une infinité de procez à eux & à leurs vassaux sous le nom de son Promoteur, qui est un homme vagabond, & de fort mauvaise re-	Le Promoteur n'a intenté aucun procez que par l'obligation de sa charge pour maintenir la discipline & faire punir les scandales. On ne sçauroit faire voir qu'il en ait usé autrement; & il est contre la verité qu'il ait fait tort à qui que ce soit par cette voye.

putation dans les lieux où il a demeuré, qui n'a ny patrimoine ny benefice, & contre lequel les parties ne peuvent avoir aucun recours, ce qui oblige lesdits Gentilshommes à demander que Monsieur fieur l'Evefque d'Alet foit refponfable de tous les dépens aufquels ledit Promoteur a efté & fera condamné, d'autant plus que ledit Promoteur foûtient que tous les Arrefts & Sentences rendües contre M. l'Evefque d'Alet & fes Officiers font injuftes, & que leur maxime eft de n'y pas obeïr, ny payer les dépens à quoy ils font condamnez, ce qui caufe la ruine entiere d'un grand nombre de perfonnes de toutes conditions, tant ecclefiaftiques que laïques.

L'ASSIETTE DV DIOCESE
dans la maifon epifcopalle.

Vingt & uniéme Plainte.

Se plaignent encore que contre les ordres & couftume de la Province du Languedoc, qui font de tenir les affiettes dans une ville royale, M. l'Evefque d'Alet fait tenir l'affiette du Diocefe dans fa maifon epifcopale, qui eft dans la ville d'Alet, d'où il eft Seigneur en toute juftice, & il fait par ce moyen deliberer & impofer ce qui luy plaift, ce qui eft fans exemple & contre la liberté publique, comme auffy de faire fes domeftiques Officiers du diocefe.

RE'PONSE.

Ces Meffieurs n'ignorent pas que l'affiette ne s'eft tenüe en la maifon epifcopale, qu'en attédant que la maifon de Ville, qui fe rebatiffoit, fut en eftat, & que depuis deux ans qu'elle eft achevée, on y a tenu l'affiette.

Pour les impofitions, ils fçavent bien que c'eft M. d'Alet qui a reformé les abus qu'on y commettoit, & qu'ils appuyoient. Ils ont tort de faire cette plainte, auffy bien que de dire qu'il fait fes domeftiques Officiers du Diocefe, puifque cela eft évidemment faux: fi ce n'eft que fans raifon ils veulent appeller fes domeftiques des perfonnes qui ayant efté autrefois a fon fervice, font mariez depuis vingt ans & plus.

CONCLVSION.

VOILA tout ce que la paffion de ces Gentilshommes liguez contre leur Evefque a pû trouver à reprendre dans fa conduite & dans celle de fes Curez depuis vingt-cinq ans, aprés des enqueftes de quatre années accompagnées de toute forte de mauvais moyens. On a fait voir que cét ouvrage d'iniquité n'eft appuyé que fur le menfonge & fur l'ignorance, que fur des fuppofitions fauffes & calomnieufes, ou fur des reprehenfions temeraires de ce qui eft de plus loüable en de bons Pafteurs, qui eft l'execution des canons & des regles de l'Eglife.

Ce qui refte eft de confiderer combien cette entreprife

I

en general, & en elle-même, quand elle ne feroit pas ac-
compagnée de tant d'impoſtures, eſt ſcandaleuſe ; car il
eſt difficile de concevoir de plus horribles renverſemens
de la diſcipline eccleſiaſtique.

Il s'agit dans la pluſpart de ces plaintes de ce qui ſe paſſe
dans le tribunal de la penitence, & de l'uſage de la puiſ-
ſance des clefs dans le fore interieur. Il n'y a rien de plus
eccleſiaſtique, & de plus indiſpenſablement ſoûmis à la
juriſdiction de l'Egliſe. Et cependant des Laïques tres
ignorans des regles & de l'eſprit de l'Egliſe ne ſe conten-
tent pas de juger de la conduite de leurs Paſteurs en cette
partie de leur miniſtere la moins expoſée au jugement des
hommes , & de la condamner avec autant d'ignorance
que d'orgueil ; mais ils veulent encore par une vexation
inoüie , les obliger d'en rendre compte devant les tribunaux ſeculiers , ſans apprehender les peines que l'eſprit de
Dieu a fait ordonner par tant de canons contre de ſembla-
bles attentats.

S'ils avoient reſtraint ces plaintes injuſtes & ſcandaleuſes à ce qui les regarde en leur particulier, leur temerité
ne laiſſeroit pas d'eſtre fort criminelle : mais ce qui la rend
tout à fait horrible, eſt la hardieſſe qu'ils ont eu de foüil-
ler dans la conſcience des autres, & d'examiner de quelle
ſorte ils avoient eſté traittez par les Preſtres de IESUS-
CHRIST. C'eſt un deſordre tout nouveau, & dont on
n'avoit jamais oüy parler dans l'Egliſe. Des Gentilshommes pour la pluſpart d'une vie ſcandaleuſe, & ſans aucune
crainte de Dieu, ſe meſlent d'interroger de pauvres gens
qui tremblent devant eux, ſur le ſecret de leur conſcience,
de leur faire dire de quelle ſorte on les a traittés à confeſſe,
ſi on ne leur a point refuſé ou differé l'abſolution, & ſi on
l'a fait quelquefois, pour quel ſujet on l'a fait. Peut-on
excuſer un tel procedé d'impieté & de ſacrilege ? N'eſt-
ce pas expoſer la religion à la riſée des hommes, & faire un jeu de ce qui doit eſtre le plus ſerieux dans le
gouvernement de l'Egliſe , qui eſt l'adminiſtration des

Sacremens , d'où dépend le falut des ames ?

Si cela fe fouffre, un exemple fi pernicieux fe répandra bien-toft par tout. Il n'y aura plus de Curé qui ne foit efclave du Seigneur de fa parroiffe dans les fonctions de fon miniftere. Il faudra qu'il fçache de luy s'il trouve bon qu'il traitte les pecheurs felon les regles de l'Evangile. S'il y a des libertins qu'on ne puiffe recevoir aux Sacremens, ils s'en plaindront à leur Seigneur, & il dépendra de fa fantaifie d'en faire un procez à fon Curé, comme les Gentilshommes du Diocefe d'Alet en ont fait aux leurs. Ce fera bien-toft une des plus ordinaires occupations aux Iuges laïques de regler le devoir des Confeffeurs, & de les obliger à n'eftre plus que les valets de leurs penitens, en les abfolvant en quelque difpofition qu'ils fe trouvent.

Il eft donc de la juftice de Sa Majefté & de Meffeigneurs les Commiffaires de reprimer des entreprifes fi puniffables, & d'en arrefter les fuittes funeftes en maintenant les Pafteurs evangeliques dans le libre exercice de la puiffance qu'ils ont receüe du Fils de Dieu, puifque la principalle fonction des Roys Chreftiens felon les Peres, eft de faire fervir leur autorité a eftablir le regne de IESUS-CHRIST.

Signé, VINCENT RAGOT, Preftre Promoteur d'Alet.

LE plus grand moyen que les Gentilshommes du Diocese d'Alet syndiquez contre leur Prelat employent pour se maintenir dans la possession de leur desordres, est de les representer comme fort legers, & de parler de M. l'Evesque d'Alet comme d'un homme qui par une severité excessive s'oppose aux divertissemens les plus innocens, & leur en fait des crimes. C'est ce qu'ils disent principalement touchant les Danses, faisant passer les sentimens de M. d'Alet sur ce sujet, comme tout a fait singuliers & differents de ceux des autres Evesques. C'est pourquoy on a cru qu'il estoit important de publier les Attestations de tous les Evesques voisins, outre celle du Vicegerent de Narbonne au Rasés, & les Motifs qui ont porté le Seneschal de Limoux à condamner ces Danses: Par où l'on verra qu'il n'y a rien au monde de plus honteux, de plus scandaleux, & de plus infame que la maniere dont elles se pratiquent en ces quartiers-là, & qu'il faut n'avoir ny pieté ny pudeur pour deffendre de si horribles libertinages. Et c'est ce qui a fait aussi qu'on a esté obligé de publier ces Attestations quelque repugnance qu'on eust à exposer au public des choses de cette nature.

ESCLAIRCISSEMENT SVR LA DEFFENSE
des Danſes, & de la profanation des Feſtes.

GILRERT PAR LA PROVIDENCE DE DIEV Eveſque de Comenge. Nous declarons, qu'ayant reconnu par les frequentes viſites que nous avons faites dans noſtre Dioceſe, Que la prophanation des Feſtes & des Dimanches, qui ſe fait non ſeulement par le travail, mais encore par la frequentation des Cabarets, & par la licence effrenée des Danſes publiques, ſcandaleuſes & impudiques, eſtoit un des principaux deſordres qui s'y commettoient & la ſource d'une grande corruption parmy les Fidelles de l'un & de l'autre ſexe : Nous avons eſté obligez pour arreſter le cours d'un ſi grand mal, de deffendre par nos Ordonnances eſdits jours toutes ſortes de voitures & de travaux, la frequentation deſdits Cabarets & l'uſage de ces Danſes ; comme eſtant des choſes contraires à la ſanctification de ces jours que l'Egliſe & Dieu même ont conſacrez tous entiers à ſon culte & à ſon ſervice ; & particulierement le dernier de ces excés, comme une occaſion ou la pureté ſe trouve infailliblement bleſſée par la maniere ſi impudique & ſi contraire à la modeſtie Chreſtienne avec laquelle les peuples de ce pays les pratiquent. DONNE' à Comenge le 15. Novembre 1665. *Signé*, GILBERT Eveſque de Comenge ; *Et plus bas*, Par Monſeigneur DESCHAMPS. Et ſeellé.

GASTON IEAN BAPTISTE DE LEVY DE LOMAIGNE, Mareſchal de la Foy, Marquis de Mirepoix, Seigneur & Baron de Terride, & autres Places ; Capitaine de cinquante Hommes des Ordonnances du Roy, Seneſchal de Limoux. A tous ceux qui ces Preſentes verront, SÇAVOIR FAISONS ET ATTESTONS, Comme ce jourd'huy cy-bas eſcrit, Pardevant Maiſtre Pierre Eſprit Lieutenant Principal en noſtre Cour, Auroit comparu Denys Geoffroy de la Cour, Advocat & Procureur en ladite Cour, faiſant pour le Sieur Promoteur en l'Eveſché d'Aler, lequel l'auroit requis de vouloir luy dire, & declarer les motifs qu'il a eu, & qui l'ont porté à donner l'Ordonnance par luy renduë au ſujet de la ſanctification des ſaints jours de Dimanche & Feſtes, portant deffenſes de faire aucuns travaux, de voiturer, vendre & acheter, frequenter les Cabarets, & de faire des Danſes publiques auſdits jours ; Comme auſſy de deffendre en tout temps les Danſes qui ſe font avec geſtes & poſtures deshoneſtes : & qu'il luy plûſt d'ordonner que de ſon dire Acte luy en ſoit expedié, pour luy ſervir pardevant qui, & ainſy qu'il appartiendra. Auſquelles requiſitions ledit Sr Lieutenant Principal ayant égard, AUROIT DIT ET DECLARE', que le premier motif qu'il a eu en veüe lors qu'il a rendu ladite Ordonnance, a eſté de ſatisfaire à ſon obligation en qualité d'Officier, en employant l'authorité de ſa charge, pour faire garder & obſerver les Loix de l'Egliſe, & les Ordonnances de nos Roys touchant la ſanctification de ces Saints jours que Dieu s'eſt reſervé, & auſquels tous les Chreſtiens doivent vacquer ſpecialement à ſon ſervice : Toutes les choſes contenuës dans ladite Ordonnance eſtant expreſſément deffenduës, tant par les loix eccleſiaſtiques que civiles, leſquelles enjoignent & commandent ſous griefves peines aux Officiers de Iuſtice & Police d'en procurer l'obſervation. Et que le ſecond motif a eſté la connoiſſance particuliere qu'il a eüe du ils danfent. Lequel Sieur Lieutenant Principal auroit donné pour cette occafion, & à la folicitation des Promoteurs de ladite Officialité de Limoux, des Evefchez d'Alet, Mirepoix & Pamiés ; une Ordonnance portant deffenfes de commettre tels & femblables abus, laquelle n'eft pas feulement utile, mais encore abfolument neceffaire pour les empefcher, & contenir chacun en fon devoir : En témoin dequoy nous avons donné le Prefent de nous figné, & du Greffier de l'Officialité, & feellé du Sceau d'iceluy. A Limoux le 8. Fevrier 1666. *Signé*, SANJOU R. & Lieutenant ; *Et plus bas*, Du Mandement dudit Sieur LABATUT. Et feellé.

FRANÇOIS par la grace de Dieu & du faint Siege Apoftolique Evefque de Pamiés. Noftre Promoteur nous ayant requis un Certificat de la maniere tout à fait diffolüe & deshonnefte avec laquelle les Danfes publiques fe font d'ordinaire dans ce Diocefe, pour luy pouvoir fervir où il appartiendra : Nous certifions & atteftons aprés la fafcheufe experience de vingt années, qu'il n'y a rien de pareil au fcandale que caufe ces Danfes; qu'elles font la principale fource & le principe de la corruption dans la jeuneffe de l'un & l'autre fexe : qu'elles fe font d'une façon tout à fait inoüye & dans le dernier déreglement, par les geftes & poftures impudiques à la veuë de tout le monde, par les baifers frequens, par les fauts honteux qu'on fait faire aux filles, dont la feule idée doit faire peine à ceux qui n'ont pas encore renoncé à toute forte de pudeur, par l'extravagance fcandaleufe dont on fuit les violons, en danfant dans les ruës & carrefours des lieux : En un mot on peut dire avec toute verité que la bien-féeance & la modeftie que la raifon même naturelle fuggere, & a donné aux femmes pour leur plus grand ornement, & que faint Paul recommande univerfellement à tous les Fidelles avec tant de foin ; font tellement aneanties par ces paffe-temps tous brutaux, qu'il eft impoffible que ceux à qui Dieu a mis en main le pouvoir de les empefcher les puiffe permettre ou diffimuler plus long-temps, fans fe rendre coupables d'une infinité de crimes & de fcandales: C'eft le témoignage que nous nous fommes crûs obligez de rendre à ce qui n'eft que trop vray, ce qui eft le fujet de nos plus ordinaires gemiffemens devant Dieu, auffy bien que des deffenfes que nous avons tant de fois reïterées à ceux que Dieu nous a foûmis, de vacquer à de tels divertiffemens indignes du nom Chreftien. DONNE' à Pamiés le 15. Fevrier 1666. *Signé*, FRANÇOIS Evefque de Pamiés ; *Et plus bas*, Par Monfeigneur PALARIN. Et feellé.

LOVYS DE NOGARET DE LA VALLETTE par la mifericorde de Dieu Evefque de Carcaffonne. A tous ceux qui ces prefentes Lettres verront, Salut & benediction en noftre Seigneur. Noftre Promoteur nous ayans reprefenté qu'il avoit befoin d'un Certificat de la maniere fcandaleufe & tout à fait déreglée, en laquelle nous avons trouvé pendant le cours de la Vifite generale de noftre Diocefe, que fe font depuis long-temps des Danfes publiques dans tous les lieux d'iceluy, pour luy fervir où il appartiendra : Inclinans à fa Requefte, Nous luy avons accordé ces prefentes par lefquelles nous declarons qu'aprés une tres-exacte recherche & pleine connoiffance que nous avons prife depuis le temps que nous fommes dans ce Diocefe, & pendant le cours de noftredite Vifite, Nous avons reconnu que ce defordre eft fi grand & venu à telle extremité, qu'il femble que les jours des Feftes, & principalement les Locales, ne font plus que des jours de débauche & de carnaval, bien loin d'eftre des jours de pieté & de devotion felon l'intention de l'Eglife; Ce qui nous auroit porté à convier & exhorter le plus efficacement qu'il nous auroit

ſcandale que cauſent les Danſes publiques en la maniere qu'elles ſe font dans
les lieux qui ſont dans le reſſort de la Seneſchauſſée, ſoit par les poſtures indecentes qu'on y fait ; ſoit par les baiſers laſcifs qui y ſont trés frequens ; ſoit par
la diſſolution avec laquelle on les fait en courant par les ruës ſans ſe tenir les
uns les autres , avec des geſtes tout à fait inſolents, que les filles font auſſy
bien que les garçons ; ſoit par les ſauts que les garçons font faire aux filles d'u-
ne maniere ſi infame, qu'on découvre à nud aux yeux des aſſiſtans & des paſſans auſſy bien comme à eux meſmes, ce que la pudeur oblige de cacher le plus,
en les élevant auſſy haut que leur teſte avec un certain tour qui fait que leurs
juppes s'écartent & ſe hauſſent en ſorte qu'elles découvrent une partie de leurs
corps ; en quoy, non ſeulement la bien-ſceance Chreſtienne eſt mortellement
bleſſée, mais encore l'honeſteté publique cruellement offenſée. De la plus-
part deſquels deſordres ayant eſté luy même en pluſieurs rencontres le témoin
oculaire, & d'ailleurs eſtant ſolicité par les Promoteurs de l'Officialité de Limoux en l'Archeveſché de Narbonne , des Eveſchez d'Alet, Mirepoix &
Pamiés ; admoneſté & interpellé par Maiſtre Pierre Sanjou, Preſtre & Vicaire
perpetuel de l'Egliſe Parroiſſiale ſaint Martin de Limoux , de vouloir y appor-
ter quelque remede ; il ſe ſeroit determiné de donner ladite Ordonnance. Duquel dire il auroit ordonné qu'Acte en ſeroit expedié audit de la Cour pour
ſervir à ſa Partie, ainſi & pardevant qu'il appartiendra; En témoin dequoy ces
Preſentes luy ont eſté expediées, ſignées dudit Sr Lieutenant Principal, & du
Greffier Civil , & Commiſſaire de la preſente Cour ; Et ſeellées du Seel &
Armes de la Seneſchauſſée. Donne' à Limoux le 6. jour du mois de Fevrier
1666. *Signé*, Esprit Lieutenant Principal : *Et plus bas*, Du Mandement
dudit Sieur Lieutenant Principal, Cabrol. Et ſeellé.

NOVS Pierre Sanjou Docteur en Theologie, Preſtre , Recteur de la
Parroiſſe ſaint Martin de la ville de Limoux, & Lieutenant d'Official en
l'Officialité de ladite ville & païs de Razes au Dioceſe de Narbonne , Certifions & atteſtons à tous ceux qu'il appartiendra , que l'abus & prophanation
des ſaints jours des Dimanches & Feſtes , que la plus-part de nos Parroiſſiens
paſſoient ou en travaux & œuvres ſerviles , & deffendües , comme de voiturer,
vendre & acheter ; ou dans les Tavernes & Brelans ; ou à faire des Danſes publiques & deshonneſtes : Nous ayant fait rechercher pluſieurs fois les remedes
pour les faire ceſſer , & ayant pour cét effet employé , mais inutilement, toute
l'authorité que nous pouvons avoir, ſoit en ladite qualité de Recteur ou de
Lieutenât d'Official , nous aurions eſté contraints d'avoir recours à l'authorité
de la Iuſtice ſeculiere, & pour cét effet nous nous ſerions adreſſez à Monſieur
Maiſtre Pierre Eſprit Conſeiller du Roy, & ſon Lieutenant Principal en la
Seneſchauſſée & Siege Preſidial dudit Limoux , que nous aurions admoneſté
& interpellé , de vouloir interpoſer l'authorité de ſa charge pour reprimer tous
ces abus , & pluſieurs autres qui vont au ſcandale du public, mais particulierement la liberté effrenée qu'on ſe donne de voiturer, vendre & acheter en ces
ſaints jours, de frequenter les Cabarets & tenir des Berlans : & ſur tout de
deffendre en tous jours les Danſes publiques qui ſe font avec proſtitution , tant
par les jeunes filles que garçons, avec geſtes & poſtures indecentes qui font
horreur à voir , & que l'on fait neanmoins publiquement à la veuë de tout le
monde ; les garçons baiſans les filles , & les faiſans ſauter ſi haut que les élevant par deſſus leurs teſtes , ils leur donnent un certain tour , qui fait que leurs
juppes s'étendent & s'ouvrent à méme temps , expoſans par ce moyen à leurs
yeux , & à ceux des aſſiſtans & paſſans à nud le corps des filles avec leſquelles

esté possible tous les peuples de faire cesser ces desordres qui ne pouvoient attirer sur eux que la malediction du Ciel, & les fleaux que Dieu envoye d'ordinaire pour chastier ceux qui lassans sa patience sollicitent sa justice à les punir rigoureusement. Mais comme c'est un mal inveteré, nous voyons encore à nostre grand regret la continuation de ces desordres par les Danses continuelles, lesquelles se font avec tant de déreglement par les gestes & postures impudiques, par les frequens baisers, par les sauts que l'on fait faire aux filles, dont la deshonnesteté ne se peut exprimer sans blesser la pudeur, par la maniere folle avec laquelle en dansant par toutes les ruës & carrefours des lieux, on prolonge ces danses bien avant dans la nuit, d'où il arrive tant de scandale qui font par apres éclater au jour ces œuvres de tenebres, & reconnoistre la prostitution de la pudicité & bien-sceance Chrestienne, que nous jugeons qu'on ne peut ny les permettre ny les tolerer, estans dans le pouvoir & dans l'obligation de les empescher, sans se rendre coupable d'une infinité de maux & de crimes. C'est ce que nous croyons devoir témoigner, & qui fait qu'apprehendans que Dieu estant irrité de tant de pechez & de vices, ne permette qu'il arrive quelque desastre extraordinaire au peuple qu'il a pleu à sa divine Majesté commettre à nostre conduite, Nous les avons deffendües autant qu'il nous a esté possible pour les prevenir. Donne' à Carcassonne dans nostre Palais, sous nostre seing & seau, & contre-seing de nostre Secretaire, ce 18. Février 1666. *Signé*, Loüis Evesque de Carcassonne ; *Et plus bas*, Par Monseigneur Gailhard. Et seellé.

Lovys Hercvles de Levy de Vantadovr, par la misericorde de Dieu, & la grace du saint Siege Apostolique Evesque de Mirepoix : A tous ceux qui ces Presentes verront, Salut & benediction. Nous ne pouvous dissimuler que nous n'ayons reconnu par une fascheuse experience, depuis le temps qu'il a plû à Dieu de nous appeller au gouvernement des ames de nostre Diocese, qu'un des principaux moyens dont le Demon se sert pour perdre ces ames, est la Danse qui se fait en nostredit Diocese, de la maniere du monde la plus dissoluë & scandaleuse, par les baisers frequens, les attouchemens & postures lascives, & les sauts qu'on fait faire à chaque pas aux filles, d'une façon qui expose aux yeux des danseurs & des assistans la moitié de leurs corps à nud, & découvre ce que la pudeur les oblige davantage de cacher. De sorte que c'est avec grande raison que le Seneschal de Limoux ou son Lieutenant, dans l'Ordonnance qu'il a donnée à la requisition de nostre Promoteur, pour empescher ces divertissemens si contraires à l'esprit du christianisme, les appelle une prostitution publique de la pudicité de la jeunesse. C'est pourquoy comme nous avons souvent gemy de ces desordres, & fait tout ce qui estoit en nous pour les reprimer tant par nos exhortations, que par l'imploration du bras seculier, quoy qu'avec peu de fruit jusqu'à present, & que nous sommes dans la resolution, avec l'aide de Dieu, de redoubler nos soins à l'avenir pour en détourner les ames qu'il a plû Dieu de confier à nostre garde, comme d'une occasion prochaine de peché. Nous avons accordé tres volontiers le present Certificat à nostredit Promoteur, pour s'en servir où, & comme il verra bon estre. Donne' à Paris pendant la tenuë de l'Assemblée generale du Clergé, le treiziéme Mars mil six cens soixante-six. *Signé*, Loüis Evesque de Mirepoix. Et seellé.

9 782329 686028